Michael Losse
in Zusammenarbeit mit Ilga Koch

Schlösser und Burgen am
westlichen Bodensee

Hegau-Bibliothek Band 122

Wartberg Verlag

Die Autoren

Dr. Michael Losse M.A., Historiker und Kunsthistoriker 1987–1997 Wissenschaftlicher Mitarbeiter im Deutschen Dokumentationszentrum für Kunstgeschichte/Bildarchiv Foto Marburg, Universität Marburg; 1997–1999 Lehrstuhlvertreter am Lehr-/Forschungsgebiet Baugeschichte, Geschichte des Städtebaus, Denkmalpflege der Universität Kaiserslautern; seit 1999 öfter tätig für das Büro für Burgenforschung Dr. Zeune; 2001–2002 zusammen mit der AG Hegau-Schaffhausen Umsetzung des von ihm entwickelten touristischen Projektes ,Burgen, Erlebniswege Hegau, angrenzende Schweiz, westlicher Bodensee'. Vizepräsident der Deutschen Gesellschaft für Festungsforschung; Mitglied mehrerer wissenschaftlicher Beiräte, u. a.: Deutsche Burgenvereinigung, Gesellschaft für Internationale Burgenkunde, Hegau-Geschichtsverein, Europa Nostra Scientific Council. – Zahlreiche burgenkundliche Publikationen.

Ilga Koch, Juristin, ist gemeinsam mit M. Losse Initiatorin und Gründungsmitglied des Nellenburger Kreises/Interessensgemeinschaft zur Erforschung der Burgen, Adelssitze, Schlösser und Festungen im Hegau. Sie befasst sich seit mehreren Jahren mit den Burgen, Schlössern und Festungen im Hegau und am westlichen Bodensee (Inventarisation).

Impressum

Michael Losse:
Umschlag Vorder- und Rückseite alle Fotos; S. 7, 8, 9, 10, 11, 12 (links), 13, 14, 15, 16, 17, 18, 19, 20, 21 (oben rechts und unten links), 22, 23, 24, 25 (oben), 26 (oben links und rechts), 28, 29, 30, 31 (links), 32, 33, 34, 35 (links oben und rechts unten), 36, 37, 38, 39, 40, 41, 42, 43, 45, 46, 47, 48 (unten), 49, 50 (oben und Mitte), 51, 52, 53, 54, 55, 56, 57, 58, 59, 60, 61 (oben links und unten), 62 (unten rechts), 63, 64, 65, 66 (oben), 67, 68, 69, 70, 71, 74, 75 (oben), 76, 77 (oben), 78 (unten links), 79.

Ilga Koch:
S. 21 (unten Mitte), 44, 48 (oben).

Archiv Losse:
Historische Ansichtskarten: S. 12 (rechts), 26 (Mitte), 27, 75 (unten). – Bildvorlagen: S. 23, 27 (unten rechts), 31 (rechts), 45, 62 (Mitte).

AG Hegau & Schaffhausen:
S. 66 (Mitte), 72, 73 (oben).

Stadt Stockach:
S. 73 (unten).

Aus: Kraus, Franz Xaver: Die Kunstdenkmäler des Kreises Konstanz. Freiburg/Br. 1887: S. 77 (unten).
Aus: Strauß, Hermann: Die Gyrsberge in Emmishofen (Beitr. zur Ortsgeschichte von Kreuzlingen, IX). Kreuzlingen 1955: S. 35 (rechts oben).
Aus: Reißer, Emil: Burgen und Schlösser am Untersee. In: Badische Heimat, Bd. 13: Der Untersee, 1926, S. 168-209: S. 43 (unten rechts), 47.
Aus: Schuster, Eduard: Die Burgen und Schlösser Badens. Karlsruhe o.J. (1908): S. 50 (unten).
Aus: Faltblatt Schloß Arenenberg (2004): S. 61 (oben rechts).

1. Auflage 2004
Alle Rechte vorbehalten, auch die des auszugsweisen Nachdrucks und der fotomechanischen Wiedergabe
Druck: Bernecker, Melsungen
Buchbinderische Verarbeitung: Büge, Celle
© Wartberg Verlag GmbH & Co. KG
34281 Gudensberg-Gleichen, Im Wiesental 1
Tel.: 0 56 03/9 30 50 • www.wartberg-verlag.de
ISBN 3-8313-1448-9

Inhaltsverzeichnis

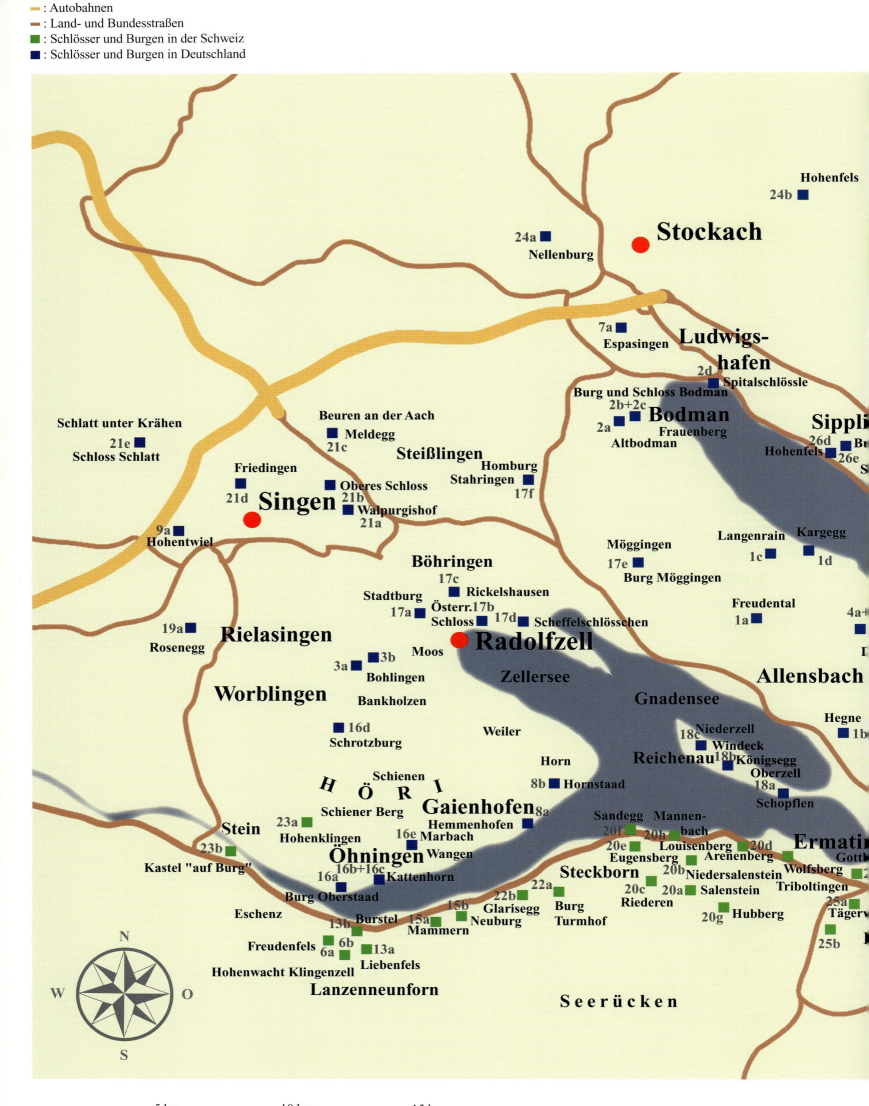

: Autobahnen
: Land- und Bundesstraßen
: Schlösser und Burgen in der Schweiz
: Schlösser und Burgen in Deutschland

Hohenfels
24b

Stockach

24a
Nellenburg

7a
Espasingen

Ludwigs-
hafen

2d
Spitalschlössle

Burg und Schloss Bodman
2b+2c
2a   Frauenberg   Bodman   Sippli
Altbodman

26d   Bu
Hohenfels   26e

Schlatt unter Krähen
21e   Meldegg
Schloss Schlatt   21c

Beuren an der Aach

Steißlingen

Homburg
Stahringen   17f

Langenrain   Kargegg
1c   1d

Friedingen
21d   Singen   Oberes Schloss
21b
Walpurgishof
21a

Böhringen
17c

Möggingen
17e
Burg Möggingen

9a
Hohentwiel

Freudental
1a   4a+

Stadtburg   Rickelshausen
17a   Österr.17b
Schloss   17d
Scheffelschlösschen

19a   Rielasingen
Rosenegg

Moos   Radolfzell

Zellersee

Allensbach

3a   3b
Bohlingen

Worblingen   Bankholzen

Gnadensee

Weiler

Hegne
1b

16d
Schrotzburg

Horn

18c   Niederzell
Windeck
8b   Hornstaad   Reichenau   18b   Königsegg
Oberzell
18a
Schopflen

H Ö R I   Schienen
Schiener Berg   Gaienhofen   8a
Stein   23a   Hemmenhofen
Hohenklingen   16e   Marbach
Öhningen   Wangen
23b
Kastel "auf Burg"   16a   16b+16c   Kattenhorn
Burg Oberstaad

Sandegg   Mannen-
20f   20h   bach
20e   Louisenberg   20d   Ermati
Eugensberg   Arenenberg   Gotth
20b   Niedersalenstein   Wolfsberg
20c   20a   Salenstein   Triboltingen
Steckborn   Riederen   25a
Tägerw
20g   Hubberg   25b

Eschenz   Burstel   15a
13b   15b   Glarisegg   22a
Freudenfels   6b   13a   Mammern   Neuburg   Burg
6a   Liebenfels   22b   Turmhof
Hohenwacht Klingenzell
Lanzenneunforn   Seerücken

N
W   O
S

5 km   10 km   15 km

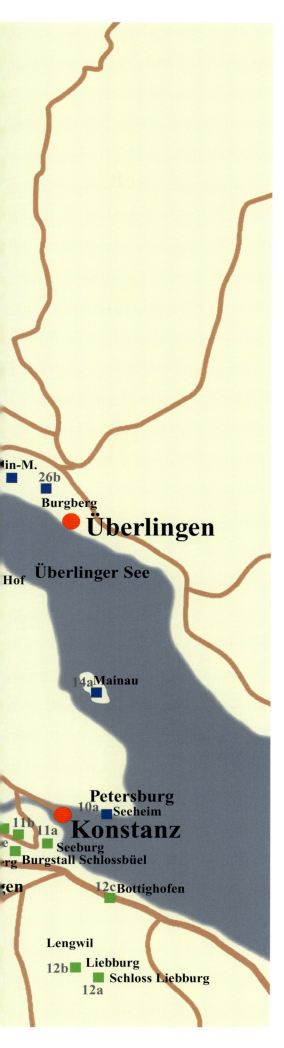

Legende

Die Nummern beziehen sich auf das jeweilige Kapitel:

1. ALLENSBACH, Kreis Konstanz (D): *Schloss Freudental (a), Schloss Hegne (b), Schloss Langenrain (c) und Burg Kargegg (d)*

2. BODMAN, Kreis Konstanz (D): *Burg Alt-Bodman (a), Burg Bodman (b), Schloss Bodmann (c) und Spitalschlössle (d)*

3. BOHLINGEN, Kreis Konstanz (D): *Burg Bohlingen (a), Jagdschloss (b)*

4. DETTINGEN, Kreis Konstanz (D): *Burgen Alt- und Neu-Dettingen (a) und Ronhauser Hof (b)*

5. ERMATINGEN, Kanton Thurgau (CH): *Schloss Wolfsberg (a)*

6. ESCHENZ, Kanton Thurgau (CH): *Schloss Freudenfels (a) und Hochwacht Klingenzell (b)*

7. ESPASINGEN, Kreis Konstanz (D): *Schloss Espasingen (a)*

8. GAIENHOFEN, Kreis Konstanz (D): *Schloss Gaienhofen (a) und Schlössli Hornstaad (b)*

9. HOHENTWIEL, Kreis Konstanz (D): *Festung Hohentwiel (a)*

10. KONSTANZ, Kreisstadt (D): *Schloss Seeheim (a)*

11. KREUZLINGEN, Kanton Thurgau (CH): *Schloss Seeburg/Neuhorn (a), Schloss Brunegg (b), Schloss Girsberg (c), Schloss Ebersberg (d) und Burgstall Schlossbüel (e)*

12. LENGWIL, Kanton Thurgau (CH): *Schloss (a) und Burg Liebburg (b), Bottighofen: Schlössli (c)*

13. LANZENNEUNFORN, Kanton Thurgau (CH): *Burg Liebenfels (a) und Burstel (b)*

14. MAINAU, Kreis Konstanz (D): *Schloss und Festung Mainau (a)*

15. MAMMERN, Kanton Thurgau (CH): *Schloss Mammern (a), Neuburg (b)*

16. ÖHNINGEN, Kreis Konstanz (D): *Burg Oberstaad (a), Schloss Kattenhorn (b), Schulthaiss-Schlösschen (c), Schrotzburg (d), und Schloss Marbach (e)*

17. RADOLFZELL, Kreis Konstanz (D): *Stadtburg der Reichenauer Äbte (a), Österreichisches Schloss (b), Schloss Rickelshausen (c), Scheffelschlösschen (d) und Burg Möggingen (e), Stahringen: Homburg (f)*

18. INSEL REICHENAU, Kreis Konstanz (D): *Burg Schopflen (a), Schloss Königsegg (b) und Schloss Windeck (c)*

19. RIELASINGEN, Kreis Konstanz (D): *Burg Rosenegg (a)*

20. SALENSTEIN, Kanton Thurgau (CH): *Schloss Salenstein (a),Burg Niedersalenstein (b), Burgstall Riederen (c), Schloss Arenenberg (d) und Eugensberg (e), Burg Sandegg (f), Schloss Hubberg (g) und Louisenberg (h)*

21. SINGEN, Kreis Konstanz (D): *Schloss Walburgishof/Walpurgenhof (a), Oberes Schloss (b), Schlössle Meldegg (c), Friedinger Schlössle (d) und Schloss Schlatt (e)*

22. STECKBORN, Kanton Thurgau (CH): *Burg Turmhof (a) und Schloss Glarisegg (b)*

23. STEIN AM RHEIN, Kanton Schaffhausen (CH): *Burg Hohenklingen (a) und das Kastell „auf Burg"(b)*

24. STOCKACH, Kreis Konstanz (D): *Nellenburg (a), Schloss Hohenfels (b)*

25. TÄGERWILEN, Kanton Thurgau (CH): *Burg (a) und Schloss Castell (b) Schloss Gottlieben (c)*

26. ÜBERLINGEN, Bodenseekreis (D): *Reichlin-Meldegg-Residenz (a), Schloss Burgberg (b), Schloss Spetzgart (c), Burg Alt-Hohenfels (d) und Burghalde/Hüneberg (e)*

Vorwort

An den westlichen Bodensee grenzen Deutschland und die Schweiz. Thurgau (CH), Hegau (D/CH) und Linzgau (D) rahmen den Untersee und den Nordwestarm des Bodensees, den Überlinger See. Aus dem Untersee erhebt sich die Klosterinsel Reichenau mit ihren romanischen Kirchen und – weithin unbekannt – fünf Burgen und Schlössern, aus dem Überlinger See die Blumeninsel Mainau mit dem Barockschloss. Zum westlichen Bodenseegebiet gehören die Halbinseln Bodanrück, Höri und Mettnau, die Teil des Hegaus sind. Hegau, Thurgau und Linzgau, letzterer reicht mit seinem Südwestzipfel bei Überlingen an den westlichen Bodensee, zeichnen sich durch ihre Vielzahl von Burgen und Schlössern aus. *Hoch über den Gewässern/Ragt ein gethürmter Kranz/Von alten, stolzen Schlössern,/Erloschner Zeiten Glanz,* so fasste es Ignaz Heinrich von Wessenberg (1774–1860) im Gedicht ‚Der Bodensee‘ zusammen. Nicht zuletzt die Fruchtbarkeit des westlichen Bodenseegebietes war es, die den Bau so vieler Adelssitze auf engem Raum ermöglichte.

Der Hegau ist nach neuester Erkenntnis (Losse/Noll 2001) die Region Deutschlands mit der größten Dichte an Burgen und Schlössern. Merian berichtete 1643 in der ‚Topographia Sveviae‘, der Hegau sei *ein klein/aber über die massen wol erbawet fruchtbares Ländlein/… darinnen viel feste hohe Schlösser/und ein stattlicher Weinwachs/gibt auch viel Korn und Obst: Item/gute Fisch/Vögel/und Wildprät allda/deßhalben sich viel Adels/so das fünffte Viertel von d'Schwäbischen Reichs Ritterschaft/von S. Georgen Schild/…/darinn befindet.* 419 Burgen, Schlösser, Festungen, Stadtbefestigungen, Wehrkirchen/-kirchhöfe und Wallbefestigungen haben wir bisher im Hegau erfaßt. 80 wurden durch Info-Tafeln und die Burgenkarte „Burgen: Erlebniswege Hegau, angrenzende Schweiz, westlicher Bodensee" (Losse/Unger 2002) erschlossen.

Auf dem Thurgauer Seerücken verdienen neben eindrucksvollen Burgen die zahlreichen Freisitze und Landschlösser Aufmerksamkeit. Freisitze waren kleinere herrschaftliche Anwesen mit oft geringem Landbesitz, die dem König des *Heiligen Römischen Reiches Deutscher Nation* bzw. seinem Rechtsnachfolger direkt unterstanden. Viele jener spätmittelalterlichen und frühneuzeitlichen, mehr oder weniger wehrhaften Sitze wurden im 18./19. Jahrhundert umgestaltet und verloren dabei ihren wehrhaften Charakter (z. B. Arenenberg).

So bietet das westliche Bodenseegebiet einen eindrucksvollen Querschnitt durch die Entwicklungsgeschichte der Adelssitze und Wehrbauten von der Ur- und Frühgeschichte bis ins 20. Jahrhundert, von der vorgeschichtlichen Wallbefestigung bis zur Schweizer Grenzbefestigung der 1930er Jahre. Nimmt man allein die mittelalterlichen Burgen sowie frühneuzeitlichen Schlösser und Festungen, so ergibt sich eine Gesamtzahl von mehreren Hundert Objekten. Es galt also, eine repräsentative Auswahl zu treffen.

Wehrbauten und Statussymbole

Mittelalterliche Adelsburgen waren Schutz- und Wehrbauten, primär Statussymbole, selten reine Militärbauten; sie waren Wohn-/Verwaltungssitze eines über das Umland herrschenden Adeligen oder seines Verwalters.

Im Frühmittelalter entstanden meist Holz-Erde-Burgen, wie die „Burg" Hals bei Bodman, die wohl vom 8. bis zum 11. Jahrhundert bestand. In jener Zeit mag auch die Spornbefestigung auf dem Rosenegg/Rielasingen angelegt worden sein. Im Hoch- und Spätmittelalter wurden Burgen im Hegau fast durchweg aus Stein erbaut und meist auf Gipfeln angelegt (Friedingen; Krähen; Stoffeln). Aus einer 914/915 errichteten Befestigung entwickelte sich die Burg auf dem weithin das Bodenseegebiet beherrschenden (Hohen-)Twiel nahe Singen. Bereits 915 erfolglos belagert und seit dem Spätmittelalter bis zum 18. Jahrhundert zur Festung ausgebaut, bestand der Wehrbau bis 1800. Auf dem Thurgauer Seerücken entstanden infolge der zerfurchten, von tiefen Tobeln durchzogenen Landschaft überwiegend Spornburgen (Freudenfels; Liebenfels; Salenstein). Im Hegau wie im Thurgau gibt es zudem viele Niederungs- bzw. Wasserburgen. Bemerkenswert sind die zahlreichen Uferrandburgen am See (Gaienhofen; Gottlieben; Horn; Oberstaad; Steckborn: Turmhof). Dominierender Bau vieler zwischen dem 11. und 13. Jahrhundert erbauter Burgen war ein Wohnturm (Castell; Kargegg; Möggingen; Oberstaad; Steckborn: Turmhof; Stein a. Rh.: Hohenklingen). Türme als Adelswohnsitze gab es auch in Dörfern (Wahlwies) und Städten (Allensbach; Konstanz).

Seit Ende des Mittelalters wurden keine Burgen mehr erbaut. Schlösser und Festungen, oft aus Burgen hervorgegangen (Freudenfels; Hohentwiel; Mainau) oder zumindest deren Standort(-Nähe) übernehmend (Schloss Castell; Mammern), tradierten Funktionen und ideelle Bedeutungen der Burgen. Zudem entstanden, gerade auf dem Thurgauer Seerücken, zahlreiche neue Landschlösser, insbesondere im 1. Drittel des 19. Jahrhunderts. Die letzten Schlösser wurden Ende des 19. Jahrhunderts gebaut (Konstanz: Seeheim; Radolfzell: Scheffelschlössle).

Schloss Wolfsberg, Ermatingen

Zerstörungen brachten Kriege seit dem Spätmittelalter, darunter der Feldzug schwäbischer Städte gegen Adelige im Hegau 1441/1442, der Schweizerkrieg 1499, der Bauernkrieg 1524/1525 und der Dreißigjährige Krieg 1618–1648. Zerstörungen von Burgen konnten die gezielte Ausschaltung eines militärischen Zieles sein, weit häufiger handelte es sich um den Angriff auf ein Machtsymbol: Die ausgebrannte Burg im Landschaftsbild dokumentierte die Unterlegenheit des Gegners, wie im Schweizerkrieg 1499. Weitere Zerstörungen verursachten französische Truppen in den 1790er Jahren. Systematisch geschleift wurde der Hohentwiel auf Veranlassung Napoleons 1800/1801.

Vom 17. bis zum 19. Jahrhundert wurde eine Vielzahl von Burgen ganz oder in Teilen abgebrochen; teils geschah dies auf Anordnung der Obrigkeit, teils bediente sich die umwohnende Bevölkerung der Burgen als Steinbrüche. Außerdem kam es im 18. Jahrhundert zu Umnutzungen von Burgen und Schlössern zu Manufakturen, Fabriken, Brauereien, Gefängnissen, Verwaltungs- oder Sozialbauten etc. Im 19. Jahrhundert gab es dann erste Bestrebungen zum Erhalt solcher Baudenkmäler. Es bildeten sich gegen Ende des 19. Jahrhunderts zunehmend Vereine, die versuchten, Burgen vor dem Verfall zu bewahren. Viele Burgen und Schlösser wurden im 19. Jahrhundert zu bürgerlichen Residenzen umgebaut.

Unser Buch über Burgen und Schlösser am westlichen Bodensee wurde geschrieben, um das Interesse von Touristen und Einheimischen an diesen – oft im wahrsten Sinne des Wortes – herausragenden Bauten zu wecken und darüber hinaus einen Überblick über verschiedene Ausprägungen der Adelssitze und Wehrbauten zu geben. Dabei konnte auf umfängliche eigene Forschungen und auf viele Fachpublikationen zurückgegriffen werden. Wichtig ist uns, die Bauten ohne die leider häufige Verklärung und Verkitschung („Minnesänger", „Burgfräulein", „finstere Verliese", „Ritteressen") darzustellen. Unser Dank gilt allen, die zum Entstehen des Buches beigetragen haben, allen voran Albrecht Salewski, Leiter der Hegau-Bibliothek in Singen, sowie Dr. Hansjörg Brem, Uwe Frank, Dr. Franz Götz, Dr. Franz Hofmann, Torsten Kalb, Reinhild Kappes, Dr. Roland Kessinger, Kreisarchivar Wolfgang Kramer, Werner Kraus, Rudolf Martin, Ralf Schrage und Helmut Söllner.

Michael Losse & Ilga Koch

Die Burgen und Schlösser in ALLENSBACH

Allensbach hatte als Anlegestelle des Klosters Reichenau und als Handelsort im Hochmittelalter Bedeutung. Schon um 1000 hatte der Ort Markt- und Münzrechte erhalten; er konnte sich in der Folge zu einer befestigten Kleinstadt entwickeln, die im Dreißigjährigen Krieg Zerstörungen erlitt. Von der Stadtbefestigung sind kaum sichtbare Reste erhalten. Eine Burg im Ort war vermutlich der Sitz der seit 1240 genannten Schulheißen und Ministerialen von Allensbach. Aus dem Jahr 1351 stammt die erste Erwähnung eines Turmes, der 1502 nach dem Amtmann Federlin *Vederlins thurn* genannt wurde. Sein Standort ist unbekannt. Eine weitere Burg lag anscheinend außerhalb des Ortes. Für 1468 ist ein *Burgacker*, für 1544 ein *Burgberg* bei Allensbach bezeugt, wobei nicht auszuschließen ist, dass sich beide Nennungen auf ein und dieselbe Burg beziehen.

Lagebild des Schlosses, Ansicht von Nordwesten

Prunkgiebel des Herrenhauses

Schloss Freudental
(Ortsteil Freudental)

Südwestlich oberhalb von Freudental erhebt sich – weithin sichtbar – das gleichnamige Schloss. Aufgrund seiner Lage wurde eine mittelalterliche Burg als Vorgängerbau vermutet. Nachdem der Name *Frödental* zuerst 1360 urkundlich fassbar ist, wird 1387 auch das Dorf Freudental genannt, das Johann von Bodman an den Schaffhausener Bürger Bernhard Friedeboldt verkaufte. Ab dem 16. Jahrhundert ist dann nur noch ein den Herren von Bodman gehöriger Hof in Freudental nachzuweisen, der wohl 1525 und erneut 1633 zerstört wurde.

Zwischen 1698 und 1700 ließ Freiherr Franz Dominik von Praßberg, Vogt von Alten-Summerau, Geheimrat und Oberhofmeister der Regierung des Bischofs von Konstanz, der über das Erbe seiner zweiten Gattin, Maria Clara (geb. von Hallweil), in den Besitz von Freudental gekommen war, das Schloss bauen, zu dem Baumeister Michael Wiedenmann (1661–1703) die Entwürfe lieferte. Durch seine Entwürfe für das Konventsgebäude der Abtei Neresheim ist Wiedenmann in der Kunstgeschichte bekannt. Der Bauherr starb 1709, seine Witwe lebte noch bis 1746 im Schloss. Danach kam Freudental wieder an die von Bodman.
Kurz vor 1779 kaufte Maria Alexander Leopold Franz Freiherr von Reichlin-Meldegg für

34 000 Gulden die Herrschaft Freudental. Durch eine Zwangsversteigerung kam sie für 25 000 Gulden 1793 an den Ravensburger Bürgermeister von Beck und seine Mitkäufer von Enrodt (Überlingen) und Regierungsrat von Schach, der das Schloss später alleine übernahm. Dessen Sohn Thadäus verkaufte Freudental 1804 für 50 000 Gulden an Johann Franz Freiherr von Bodman zu Bodman.

Im 19. Jahrhundert war das Schloss weitgehend unbewohnt. 1865 wurde es renoviert, und ab etwa 1870 wohnte ein Bodmanscher Aufseher im Schloss. 1914–1918 waren hier russische Kriegsgefangene interniert. Das 1919 im Schloss eingerichtete Kinderheim bestand bis 1940. Es folgten kurze Nutzungen durch die Polizeischule Konstanz, ungarische Waldarbeiter, ein Forschungslabor des Oberkommandos der Marine (1942), als Flüchtlingsquartier (nach Ende des Zweiten Weltkrieges), Wohnung und Kunsttöpferei (1963–1967). Nach der Sanierung und Teilrekonstruktion (u. a. Giebeldekor) 1987 wird das Schloss heute vom Humboldt-Institut e. V. als Seminarzentrum und Gästehaus genutzt. Doch auch für Menschen, die hier ruhige Urlaubstage verbringen möchten, ist das Schloss zeitweise geöffnet.
Die Fassaden des zweigeschossigen Herrenhauses werden durch Gesimse und Fenstergiebel gegliedert, letztere im Wechsel von Segmentbögen und Giebelschenkeln. Hier beste-

hen Parallelen zum Schloss in Oettingen (1679–1687 nach Plänen von Mathias Weiß). Das Untergeschoss enthält die Kapelle, Küche und Arbeitsräume, deren Stuckdecken integrierte Gemälde (Geburt/Auferstehung Christi; Bekehrung des Saulus) aufweisen. Im Obergeschoss ist der Festsaal hervorzuheben, dessen allegorische Deckengemälde (Kronos; vier Jahreszeiten) Johann Glyckher zugeschrieben wurden. Die Deckenstukkaturen des Empfangsraumes und der drei Schlafgemächer zeigen Szenen und Gestalten aus der griechischen Sage und Mythologie.

Information

Schloss Freudental (Ortsteil Freudental): Humboldt-Institut e.V., Schloss Freudental, 78476 Allensbach, Tel. 07533-4004, Fax - 4005;

Informationen über Tagungen:
Tel. 07522-9880, Fax -988988,
E-Mail humboldt@t-online.de.

Anfahrt über die K 6171 von Allensbach in Richtung Langenrain.

Herrenhaus, Gartenseite

Gewölbe des Treppenturmes am Herrenhaus

Teilstück des ehemaligen Gestühls der Kapelle

Schloss Hegne
(Ortsteil Hegne)

Inmitten der Klosterbauten von Hegne steht das Herrenhaus des Schlosses Hegne. Da man bei der Restaurierung 1965/1966 „ältere Mauern" fand und wegen urkundlicher Hinweise wurde ein Adelssitz bzw. eine Burg als Vorgänger dieses Schlosses vermutet. Die Adelsfamilie von Heudorf, 1426 als Ortsherrschaft belegt, soll hier ansässig gewesen sein. 1580 erwarb der bischöfliche Obervogt Stefan Wohlgmuet zu Mutburg das Schloss. 1591 kam es an das Hochstift Konstanz; es gehörte von da an bis zur Säkularisation 1803 zu dessen Obervogtei Reichenau. Das Schloss, dessen Gründungsdatum unbekannt ist, wurde ab/nach 1591 umgebaut: es erfolgte der Einbau einer Kapelle (1595 geweiht) und der Bau der weitläufigen Ring- und Gartenmauer mit den später veränderten Rondellen. Nischen an der Innenseite der Gartenmauer dienten der Aufnahme von Tierkäfigen; im Garten gab es bis 1601 eine Menagerie. Domherr Julius Kröll von Grimmenstein, der das Schloss vom bischöflichen Rat für sechs Jahre gepachtet hatte, berichtete dem Rat 1642, *das ain jeder baur zue Hegne in seinem haus fenster aus dem schloß habe.* Der Rat befahl den Bauern, die Fenster zurückzugeben. Im Dreißigjährigen Krieg kam es zur Plünderung des Schlosses durch Truppen von der Festung Hohentwiel. Nach dem Krieg erfolgten Instandsetzungen und Umbauten. 1689/1704 wurde erneut am Schloss gebaut. Gegen 1800 entstanden dann neue Turmhelme.

Viele Besitzerwechsel folgten nach 1803: zuerst badische Staatsdomäne, wurde das Schloss oft und zu immer höheren Preisen verkauft. 1866 erwarb es der Kreisverband Konstanz, der eine Erziehungs- und Bildungsanstalt für Kinder einrichtete. 1879 kaufte es Werner de Weerth (Neuwied); er ließ das Schloss bis 1882 umbauen. Zehn Jahre später verkaufte er es an die Barmherzigen Schwestern vom Hl. Kreuz, die nun hier ihr Provinzhaus und Kloster unterhalten.

Zwischen modernen und historistischen Klosterbauten steht das zweistöckige Herrenhaus. Die Gartenfassade rahmen zwei schlanke oktogonale Türme. Die Loggia – ehemals ein Wintergarten – und der Volutengiebel entstanden beim Neorenaissance-Ausbau 1879/1882. An der Hofseite steht mittig ein achteckiger Treppenturm. Ein vor 1624 entstandenes Gemälde im Reichenauer Münster zeigt, wie das Schloss seither verändert wurde: Die Ringmauer setzte sich zum Berghang hin fort und war an den Ecken mit Rondellen besetzt. Zu sehen sind ein Fachwerkbau mit Krüppelwalmdach, dahinter ein Uhrturm mit geschweifter Haube. Das Herrenhaus wird vom Treppenturm mit seiner Zwiebelhaube überragt. Der linke Turm der Gartenfassade schließt mit einem Fachwerkobergeschoss und Polygonalhelm. Auch das anschließende Teilstück des Herrenhauses bis zum Treppenturm zeigt ein Fachwerkobergeschoss. Im Garten steht ein Lusthaus mit geschweiftem Dach. Ende des 18. Jahrhunderts reichte der Schlosspark noch bis zum See.

Information

Schloss Hegne (Ortsteil Hegne): Kloster Hegne (Provinzhaus der Barmherzigen Schwestern vom Hl. Kreuz), Konradistr. 1, 78476 Allensbach-Hegne. Gästehaus St. Elisabeth für Einzelaufenthalt, Familien mit Kindern, Gruppen; klostereigener Badestrand, Tel. 07533-807200, Fax - 807248.

Das Schloss liegt an der B 33; Parkplatz am Klosterfriedhof. Keine Innenbesichtigung; oberhalb Aussichtspunkt: Überblick über Schloss und Kloster vor der Kulisse des Sees. Klosterkirche (1899) geöffnet.

9

Gesamtansicht des Schlosses von Nordosten

Schloss Langenrain
(Ortsteil Langenrain)

In Langenrain steht nahe der Pfarrkirche ein schlichtes zweistöckiges Barockschloss mit Satteldach, das in der heutigen Form 1684–1686 entstand. Eine Wappentafel trägt das Datum 1686. Da die Familie von Bodman 1288 in Langenrain begütert war und die Bodenseekarte Tibians 1603 hier einen schlichten, von einer Mauer umgebenen Steinbau zeigt, wird die Existenz einer Burg des 13./14. Jahrhunderts als möglich angenommen, doch bleibt das umstritten.

Eine zweiläufige Freitreppe erschließt das Portal mit rustiziertem d. h. mit Quadern gerahmtem Gewände; darüber ist das Allianzwappen von Ulm/von Bodman angebracht. Jakob Werner von Ulm war 1655 durch die Heirat mit Maria Klara von Bodman Herr zu Langenrain geworden. Ihr Sohn Marx Anton von Ulm (*1647) war der Bauherr des Schlosses. Nach dem Aussterben der Herren von Ulm zu Langenrain ging die Grundherrschaft, vererbt durch Maria Antonia von Ulm (1740–1814), an Johann Franz von Bodman zu Bodman über.

Im Kontext der Bürgeraufstände kam es am 10.7.1848 bei Schloss Langenrain zu einem

Hoffassade des Herrenhauses mit der Freitreppe

Trinkgelage badischer Freischartruppen. Im Juli 1849 drangen Freischärler in die Schlösser Langenrain und Freudental ein. Im 20. Jahr-

hundert diente das Schloss vorübergehend als Hotel-Restaurant. In den 70er Jahren stand es zeitweise leer. 1992 wurde das Studienzentrum Schloss Langenrain eingerichtet, und nach der 2001 vollendeten Sanierung wird das heute im Besitz des Grafen Wilderich von und zu Bodman (Bodman) befindliche Schloss vom Institut für Weiterbildung der FH Konstanz genutzt. Im Inneren blieben barocke Stuckdecken erhalten. Bemerkenswert ist das große, aus Fachwerk aufgeführte Wirtschaftsgebäude, das im rechten Winkel zum Herrenhaus steht.

Information

Schloss Langenrain
(Ortsteil Langenrain):
Studienzentrum Schloss Langenrain,
Institut für Weiterbildung an der FH
Konstanz, 78476 Allensbach-Langenrain, Tel. 07533-7503.

Das Schloss liegt am südöstlichen Ortsrand, neben der Kirche. Keine Besichtigung, doch sind die Außenanlagen und der Hof gut einzusehen.

Burg Kargegg
(Ortsteil Langenrain)

Nahe Bodman mündet die eindrucksvolle Marienschlucht in die Senke des Überlinger Sees. Am Zugang zur Schlucht, 1,4 km nordöstlich von Langenrain, steht Burg Kargegg auf einer Sandsteinkuppe. Nach neueren Forschungen (Sachs 1986), die vor allem auf der Auswertung von Urkunden im Stadtarchiv Konstanz basieren, ist wahrscheinlich, dass die Burg im 13. Jahrhundert existierte. Um 1200 soll die Burg *zu der Egg* wohl unter dem St. Gallischen Ministerialengeschlecht von Möggingen entstanden sein (Schmitt I 1998). Heinrich von Möggingen, 1359 Reichsschultheiß in Hagenau/Elsaß, verpfändete die Burg 1364 an die Frau seines Bruders Konrad, Mya von Hornstein. Möglicherweise wohnte er 1391–1401 noch einmal auf der Burg. Seine Witwe Klara verkaufte diese offenbar 1406 an die Konstanzer Patrizierfamilie Schwarz. Jakob Schwarz wird in einer Urkunde vom 22.6.1406 als *ze der Egg* (d. h. auf der [Karg-] Egg) ansässig genannt.

Angehörige der aus einer Schusterfamilie in den Ritterstand aufgestiegenen Familie Schwarz waren 1356 an der Ermordung des Konstanzer Bischofs Johannes Windlock beteiligt. Die Schwarz ließen die Burg anscheinend umgestalten. Dabei wurden die Fenster des Wohnturmes vergrössert. Nach 1436 waren die Schwarz auf Burg Friedingen ansässig, nachdem Ritter Johann Schwarz um 1400 in zweiter Ehe Anna von Friedingen geheiratet hatte. Der 1431 vom Kaiser geadelte Konrad Ehinger (Konstanz) kaufte später Burg Kargegg. 1441 überfiel ihn eine Gruppe Adeliger, die Streit mit der Stadt Konstanz hatten, in seiner Burg und nahmen ihn gefangen; erst Jahre später kam er wieder frei.

Um 1450 verkaufte er *Egg* an Junker Hans Ochsner d. Ä. (Überlingen). 1456 überfiel dieser mit einigen Verbündeten ein Nürnberger Kaufmannsschiff auf der Rückfahrt von Genf. Nach der Gefangennahme der „Raubritter" kam es zu mehreren Prozessen: Die Kaufleute erhielten ihr Eigentum zurück, und die Inhaftierten wurden gegen Sühnezahlung frei gelassen. Aufgrund seiner großen Verschuldung lieh Ochsner bei den Augustinern in Konstanz Geld. Die Augustiner gerieten wegen der Rückzahlung nach Ochsners Tod 1468 mit dessen Erben in Streit, so dass der Landrichter im Namen des Erzherzogs Sigmund von Österreich die Burg, den Hof und die Burgmarkung Kargegg einschliesslich *Husrat, Bett und Bettzeug, Rosse, Rinder, Kü[he], Kälber, Schweine, Pfennig und pfennigswert, nichts usgenommen* verpfändete. All das erwarb wohl

Blick über den Halsgraben auf den Wohnturm der Burg Kargegg

1475 Hans Bader Lanz von Liebenfels, Hofmeister des Bischofs und Stadtamman in Konstanz. 1475 machte er Kargegg zum Offenhaus für Herzog Sigmund von Österreich, nachdem der Herzog zum Kauf 400 Gulden beigesteuert hatte.

Zwischen 1481/1488 wurde der Radolfzeller Patrizier Hans Vogt Besitzer von Kargegg. Im Bundesbrief der Ritterschaft vom St.-Georgenschild ist er 1488 als *Hanns Vogt zu Kargegk* genannt. Um 1494 folgte ihm der Patrizier Hans Ramspach (Überlingen), der 1502 Burg und Hofgut Kargegg als freies Eigentum für 928 Gulden an Hans Jakob d. J. von Bodman veräußerte. Seitdem ist die Burg im Besitz der Familie von Bodman. Am 25.5.1525 zerstörten aufständische Bauern die Burg. Nach dem Brand wurde sie nicht mehr aufgebaut. 1627 wird sie als *Burgstall* erwähnt.

Der mutmaßliche Vorburgbereich ist an den Seiten teils künstlich abgesteilt. Geländespuren (Versturz, Fundamente) lassen keine konkreten Rückschlüsse auf die Bebauung zu. Die durch einen tiefen Halsgraben von der Vorburg getrennte Hauptburg hat einen langgestreckt polygonalen Grundriss (ca. 9–15 m breit, 78 m lang). Der Wohnturm steht an der Zugangsseite, d. h. Kargegg war eine der im 13./14. Jahrhundert häufigen Frontturmburgen. Der Wohnturm mit dem verzogenen Grundriss entstand mutmaßlich um 1200 und wurde im 14./15. Jahrhundert verändert. Innen lassen Balkenlöcher noch vier Geschosse erkennen. Wahrscheinlich besaß der Turm ein Pultdach, und die Mauer mit Zinnen ragte über das Dach hinaus. Zudem wird angenommen, dass die Seeseite nur im Erdgeschoss massiv und in den oberen Geschossen in Fachwerk aufgeführt war. Lehmbrocken im Versturz stützen diese Annahme.

Information

Burg Kargegg (Ortsteil Langenrain): Von Langenrain zum Wanderparkplatz oberhalb der Marienschlucht, von dort 10 Min. zu Fuß.

Frei zugängliche Ruine. – Achtung: Bitte nicht an den Hängen klettern, da diese dadurch teils abrutschen und die Bausubstanz der Ruine gefährden!

11

Burgen und Schlösser in BODMAN-LUDWIGSHAFEN

In Bodman bestand eine 839 zuerst erwähnte Königspfalz *(Bodoma Palatium Regium)*, die wahrscheinlich auf alemannisches Herzogsgut zurückging, das nach der Niederlage der Alemannen 746 in den Besitz der fränkischen Könige gelangte. Die Pfalz lag zwischen der Kirche und dem Ufer des Bodensees. Archäologische Grabungen fanden 1885, 1892, 1904, 1970 und 1975 statt. Schon in der 2. Hälfte des 9. Jahrhunderts verlor die Pfalz an Bedeutung, und unter König Ludwig ‚dem Kind' setzte der Verlust an Besitz ein, da der König größere Schenkungen aus dem Besitz der Pfalz veranlasste. Der Aufenthalt Konrads I. 912 ist der letzte bekannte Königsbesuch in der Pfalz. Vor dem Hintergrund des Bedeutungsverlustes der Pfalz versuchten Pfalzgraf Erchanger und sein Bruder Berthold, die sog. ‚Kammerboten', eine eigene Herrschaft zu begründen. 915 wurde Erchanger zum Herzog erhoben.

Burg Alt-Bodman, Wohnbau

Burg Alt-Bodman, historische Ansichtskarte von ca. 1900/1910

Um die Mitte des 12. Jahrhunderts setzte das staufische Königshaus Reichsministerialen zur Verwaltung des verbliebenen Reichsbesitzes in Bodman ein. Da die Bauten der Pfalz seit dem 11. Jahrhundert zunehmend verfielen, wurde im 3. Viertel des 12. Jahrhunderts ein neuer Herrensitz errichtet. Im Juli 1277 verpfändete König Rudolf von Habsburg den königlichen Hof an Johann von Bodman. Die Herkunft der Freiherren, der späteren Grafen von und zu Bodman ist nicht endgültig geklärt. Zuerst sind sie für das 12. Jahrhundert als staufische Ministerialen bezeugt, und bis zum Ende des Alten Reiches stellten sie die Ortsherrschaft in Bodman. In vielen Burgen und Schlössern im Hegau und am Bodensee waren sie ansässig, mit jenen Bauten haben sie das Landschaftsbild geprägt. Bis heute sind sie in der Region präsent. Die Verbundenheit dieser Adelsfamilie mit dem Hegau bringt Wilderich Graf von und zu Bodman zum Ausdruck, der seit einigen Jahren als Präsident des Hegau-Geschichtsvereins amtiert.

Burg Alt-Bodman

Alt-Bodman ist eine Spornburg, deren Bauplatz durch einen Halsgraben vom Berg getrennt ist. Der Halsgraben und die Vorburg sind fast nur noch in Geländespuren nachvollziehbar, doch ist die Hauptburg gut erhalten. Ihren Kern bildet ein turmartiger Wohnbau (19,50 x 19,15 m), dessen Fassade zur Angriffsseite segmentbogig vorspringt. Er war mit einem Pultdach gedeckt und im letzten Ausbauzustand von teils doppelten Zwingern umgeben. An drei Ecken ist der Zwinger mit Rondellen besetzt — das südöstliche ist in der Art einer Kaponniere angelegt —, an der vierten liegt der Torbau. Bei einem Ausbau um/nach 1500 entstanden die Rondelle in der heutigen Form. Der Wohnbau wurde aufgestockt — deutlich sind an seiner Angriffsseite zugesetzte

Zinnen erkennbar — und mit Maulscharten sowie im Bereich der vermauerten Zinnen mit kleinen Schlüsselscharten für Feuerwaffen versehen. Auch ein Ausbau der Toranlage fällt wohl in diese Zeit. In der Gesamtanlage ist die Burg nach diesem Ausbau als frühe Festung bzw. als Festes Schloss zu bezeichnen. Als Baumaterial der Burg dienten Nagelfluh, teils hammerrecht bearbeitet (u. a. am Wohnturm), Wacken und Ziegel verschiedener Formate. Größere Flächen historischer Putze sind erhalten.

Über die Gründungszeit der Burg wurde viel spekuliert. Nach neuen Forschungen gilt als sicher, dass der Name „Alt-Bodman" erst im 19. Jahrhundert aufkam. Aufgrund der Bodenfunde (Geschirr- und Ofenkeramik) wurde geschlossen, die Burg sei in der 2. Hälfte des 13.

Jahrhunderts, vermutlich nach 1277, entstanden. Als widerlegt gilt die These, die Burg sei im Schweizerkrieg 1499 oder im Bauernkrieg zerstört worden. Vermutlich wurde die Burg durch Brand oder Blitzschlag gegen Ende des 15. oder zu Beginn des 16. Jahrhunderts (Mitteilung von Rudolf Martin) schwer beschädigt. 1643, im Dreißigjährigen Krieg, erfolgte die Zerstörung durch französische Truppen. Ein Neuaufbau unterblieb; Johann Adam von und zu Bodman nahm seinen Sitz in Schloss Espasingen. Alt-Bodman blieb dem Verfall überlassen.

1757/1758 entnahm der Glaser Jacob Hiethle (Konstanz) Fensterstöcke und -rahmen aus der Ruine, um sie beim Neubau des Amtshauses zu verwenden. Um 1900 entstand eine Aussichtsterrasse in der Nordostecke der Wohnbauruine. 1900 und 1922 beschädigten Blitzeinschläge die Ruine. 1956 erfolgte eine umfängliche Sanierung und 1997 die Freistellung und Ausholzung mauerschädigenden Bewuchses. Eine erneute Sanierung steht kurz bevor.

Bodman, Burg auf dem Frauenberg, Darstellung auf dem Tafelbild in der Kapelle

Bodman, Frauenberg, Lagebild von Südwesten

Frauenberg, Kapellenfenster und -chor

Burg Bodman / Kloster Frauenberg
(Stadtteil Bodman)

Fast 200 m überragt der 592 m hohe Burgberg den Überlinger See, d. h. den nordwestlichen Teil des Bodensees. Die auf dem langgestreckten Sporn gelegene, 1296 urkundlich erwähnte *niuwe Burch ze Bodemen* (neue Burg zu Bodman), aus der die Zisterzienserklause Frauenberg hervorging, wurde vor 1236 von den Herren von Bodman erbaut. Am 16.9.1307 fiel sie einem Brand zum Opfer. Viele Menschen kamen ums Leben, nur ein Säugling, der von seiner Amme in einem Bronzekessel aus dem Fenster geworfen worden sei, habe das Unglück überlebt, so die Überlieferung.

1308/1309 schenkte Johann von Bodman die ausgebrannte Burg mit 30 ha Ländereien dem Zisterzienserkloster Salem, das in der Ruine die Liebfrauenkapelle als Votiv- und Wallfahrtskapelle und das Priesterhaus errichtete. Im Hochmittelalter waren Klostergründungen in aufgelassenen Burgen häufig. Adelsfamilien verschenkten sogar gelegentlich eine Burg, wenn sie sich eine neue errichtet hatten. In diesem besonderen Falle erfolgte die Stiftung nicht zuletzt für das Seelenheil der 1307 dem Feuer zum Opfer gefallenen Mitglieder des Hauses Bodman, waren jene doch ohne die Sterbesakramente gestorben.

Der lange Bergsporn (70x14 m) wird durch einen Halsgraben vom anschließenden Gelände abgeteilt. Eine dem Plateau nördlich vorgelegte Terrasse, die mutmaßlich durch einen eigenen Zugang erschlossen war, wurde als möglicher Wirtschaftshof gedeutet. Zwar existieren bildliche Darstellungen der Burg aus dem frühen 17. Jahrhundert, sie finden sich auf zwei Stifter- und Votivbildbildern an einer Wand der Kapelle auf Frauenberg und in Schloss Bodman, doch sollten diese nicht als authentische Wiedergaben verstanden werden. Der heutige Wohnbau mit Satteldach und Treppengiebeln entstand unter Einbeziehung der Reste der Burg, von welcher der kreuzgratgewölbte Raum im Untergeschoss stammen soll. Vor 1515 wurde die Kapelle neu oder umgebaut. 1515 erfolgte die Weihe zweier Altäre. 1610–1613 wurden die Gebäude eingreifend umgestaltet; der heutige Eindruck wird im Wesentlichen dadurch bestimmt. 1994–1996 erfolgte eine vorbildliche Restaurierung.

Schloss Bodman
(Stadtteil Bodman)

1757–1758 ließ Johann Adam Freiherr von und zu Bodman oberhalb der Pfarrkirche ein neues Amtshaus errichten, zu dem Johannes Seyer, Stadtbaumeister in Konstanz, die Entwürfe lieferte. 1764 wurde der Sitz des Amtmannes verlegt und das Gebäude für die nun beabsichtigte Nutzung als Schloss erweitert. Wiederholt war in den nächsten Jahrzehnten eine Erweiterung des Schlosses beabsichtigt.

Im heutigen Zustand präsentiert sich das Schloss, das der gräflichen Familie von und zu Bodman als Wohnsitz dient, als leicht verzogene Vierflügelanlage, deren Kern das zweigeschossige, siebenachsige Amtshaus von 1757/1758 bildet. Als zentraler Bau (Mittelteil des Nordostflügels) ist es noch deutlich erkennbar, wenn auch sein barocker Volutengiebel über den drei Mittelachsen beim Ausbau 1830/1832 durch einen klassizistischen Giebel mit Loggia ersetzt wurde. Mit den 1830/1832 seitlich angesetzten, nicht einmal um Mauer-

Park in größeren Teilen zu einem Landschaftspark, einem Englischen Garten umgestaltet, in dem die beiden das Schloss überragenden Burgen Alt-Bodman und Bodman (heute Frauenberg) gleichsam zu ‚Parkburgen‘ wurden, gehörten doch inszenierte künstliche Burgruinen zu zahlreichen Landschaftsparks des 19. Jahrhunderts.

Von 1926 stammen die in Richtung der Dorfkirche gelegenen Toreinfahrten und das Gerätehaus nach Entwurf des Architekten Dr. E. Gradmann (Konstanz).

1767 legte der Baumeister Matthias Flaig (Überlingen) Entwürfe vor, 1791/1792 entwickelte der hochfürstlich-konstanzische Baudirektor Joseph Ferdinand Bickel ein Erweiterungsprojekt, und 1830 fertigte der Werkmeister Johann Baptist Wehrle (Konstanz) Pläne, doch alle blieben unausgeführt. Schließlich wurde 1830–1832, unter Johann Franz von und zu Bodman, ein Neubau errichtet, den Friedrich Maler (Konstanz), ein Schüler des bedeutenden klassizistischen Architekten Weinbrenner, entwarf. Erst 1872 entstand der Wirtschaftshof. Nachdem 1883 kleinere Veränderungen am Schloss vorgenommen worden waren (u. a. Bau einer Veranda), entstanden 1907–1909 der Südost- und der Südwestflügel als Neubauten nach den Planungen von Emanuel von Seidl (München).

stärke vorspringenden Seitenbauten wurde es unter ein Dach gebracht. Günter Schmitt (1998) sieht in der Gesamtanlage im Ausbauzustand der 1830er Jahre einen Bau in der Tradition norditalienischer Villenarchitektur, doch auch Bezüge zum klassizistischen Schlossbau Englands sind erkennbar, die nicht zuletzt an der Innenstruktur deutlich werden. Der Architekt des letzten Erweiterungsbaues von 1907–1909, Emanuel von Seidl, griff in den Proportionen und der Gestaltung die klassizistischen Vorgaben auf und ergänzte die Schlossanlage zu einer stimmigen Einheit.

Das Schloss liegt inmitten eines weitläufigen Parkes, dessen Anfänge im 18. Jahrhundert liegen. Im 19. Jahrhundert wurde der barocke

Information

Schloss Bodman (Ortsteil Bodman): Das Schloss liegt oberhalb der Kirche an der Strasse. – Privatbesitz Wilderich Graf von und zu Bodman, keine Besichtigung.

Der obere Schlosspark ist geöffnet vom 1. April bis zum 31. Oktober, montags bis freitags von 9-18 Uhr und an Feiertagen geschlossen (Zugang beim Gerätehaus).

Urgeschichtliche Befestigungen bei Bodman

Zwei urgeschichtliche Befestigungen bzw. Siedlungen in der Nähe von Bodman seien kurz erwähnt: Die Bodenburg, ca. 900 m südlich der katholischen Kirche von Bodman, am Nordrand des Bodanrück gelegen, war eine Siedlung der Urnenfelderzeit (ca. 1200–750 v. Chr.), von der vermutet wurde, sie sei befestigt gewesen (Heine 1978). Auch wurde angenommen, sie sei später erneut genutzt und befestigt worden, doch wird das neuerdings bestritten (Meyer 1993, unter Bezug auf den Archäologen Jörg Aufdermauer). Letztlich ist der Name Bodenburg irreführend.

Knapp 2,4 km südöstlich der Kirche von Bodman, näher an Langenrain, liegt am Rand des Bodanrück die Wallbefestigung Hals. Westlich des Hochplateaus zieht sich ein 45 m langer, 10 m breiter, 3–4 m hoher Wall hin, dem zwei Gräben vorgelegt sind. Die meisten der auf dem Siedlungsplateau hinter dem Wall gemachten Funde gehören der Michelsberger Kultur (3500–2700 v. Chr.), d. h. der Jungsteinzeit an. Vielleicht stand hier später ein römischer Wachtturm (Beck 1954). Wegen des Schildwalles und des doppelten Grabens wurde ein letzter Ausbau der Befestigung zwischen dem 8. und 11. Jahrhundert n. Chr. vermutet.

Spitalschlössle
(Stadtteil Ludwigshafen)

Das nur etwa 100 m vom Seeufer entfernt gelegene Schloss ist wahrscheinlich aus einer hochmittelalterlichen Wasserburg hervorgegangen; noch um 1810–1820 war es von Wasser umgeben. Seine frühe Geschichte ist weitgehend ungeklärt. Vermutet wird, der 1294 genannte Hof *Stekkilborch* sei der Vorgänger des Schlosses gewesen, das erst 1504 urkundlich Erwähnung findet. Der Name „Spitalschlössle" rührt daher, dass es lange Zeit – bis 1829 – im Besitz des Spitals zu Überlingen war. 1829 gelangte das Schlössle an den lokalen Spediteur Johann Jakob Geiselbrecht. Zum Besitz gehörte umfängliches Garten- und Ackerland, dem Geiselbrecht 1852 weitere Länderein hinzufügen konnte. 1856 entstand ein neuer Wohnbau; vermutlich in diesem Zusammenhang verschüttete man den Graben. Nachdem das Schloss 1875 an die Erben Geiselbrechts übergegangen war, kam es zusammen mit dem Umland 1884 an den Architekten Hermann Carl Callenberg aus Hamburg. 1918 kaufte es der Attaché und Hauptmann Dr. jur. Oskar Philippi. Kurz zuvor, 1917, war der Seeseite des Schlosses die Veranda angefügt worden. 1990–1993 ist das Schlössle zu einem Komplex von Eigentumswohnungen umgestaltet worden.

Das Schloss setzt sich aus dem Herrenhaus und einem daran angebauten, unregelmäßigen, zweiflügeligen Wirtschaftstrakt zusammen. Die Bauten umgeben einen dreiseitig geschlossenen Hof. Das Herrenhaus mit den Eckquadern weist Fenster mit Hohlkehlgewänden auf, die vermutlich aus dem 16./17. Jahrhundert stammen, es könnte mittelalterliche Bausubstanz enthalten. In der Barockzeit erfolgte ein Umbau, auf den u. a. der Dachreiter – mit einer 1648 gegossenen Glocke – zurückgeht. Im Inneren blieben barocke Stuckdecken erhalten.

Information

Spitalschlössle
(Ortsteil Ludwigshafen):
Schlößleweg, Bodman-Ludwigshafen, Ortsteil Ludwigshafen. Das Schloss liegt am Südrand des Ortes.

Anfahrt über die B 31. Parkplatz neben dem Schloss. Nur Außenbesichtigung (Privatbesitz, Eigentumswohnungen). Das Herrenhaus ist vom Schlößleweg aus gut zu überblicken.

Die Burg und das Schloss in BOHLINGEN

Funde aus einem Gräberfeld am Galgenberg zeigen, daß hier im 5. Jahrhundert Alemannen siedelten. Ein reich ausgestattetes Ortsadelsgrab lässt vermuten, dass in/bei Bohlingen zwischen dem 5. und 8. Jahrhundert ein Adelssitz bestand. In einer St. Gallener Urkunde erscheint Bohlingen um 773 als *Obolgingas*; 877 heißt es *Polling[en]*. Bohlinges einstige Bedeutung wird deutlich durch die einstige Existenz von acht Burgen und Schlössern innerhalb der Gemarkung: Am Ostrand des Ortes, nahe der Aach, findet sich der Flurname *Burgstall*. Das Wort bezeichnet ab dem Spätmittelalter ehemalige Burgstandorte. Oft waren jene nach Verfall der Bauten noch interessant, da Einkünfte, Rechte und Privilegien daran gebunden blieben. In Bohlingen verweist der 1486 zuerst belegte Name *Burgstall* auf eine verschwundene Burg, doch ist weder über die Entstehung noch über die Zerstörung oder von Bauresten etwas bekannt.

Blick aus dem ehemaligen Halsgraben auf die Burg mit dem Rathaus (rechts)

Hofseite des Rundturmes mit ehem. Hocheingang

Burg Bohlingen

Im Norden Bohlingens steht auf einem Plateau über der Aach in Spornlage die Burg mit der Pfarrkirche. Da es in der Gemarkung mehrere Burgen gab, die zu verschiedenen Zeiten unterschiedlich benannt wurden, gilt es, bei der Auswertung von Schriftquellen vorsichtig zu sein. Unklar ist, ob die 1155 genannte *curtis* (= Hof) der Konstanzer Bischöfe in Bohlingen mit dieser erst im 15. Jahrhundert erwähnten Burg identisch ist. 1455 ist von der *vesty vnd behusung zu Bollingen by der Kilchen* die Rede; gemeint ist damit der Rechts- und Herrschaftsbezirk und der Wohnsitz des Stellvertreters der Ortsherrschaft bei der Kirche. Es wurde vermutet, spätestens ab dem 12. Jahrhundert habe die Burg im Bereich des Hofbezirkes bestanden, nachdem vielleicht eine frühere Burg (s. o.) aufgegeben worden war. Das muss nicht zwangsläufig so sein; häufig standen Burgen dicht beieinander. Im Spätmittelalter gab es Besitzstreitigkeiten um die Herrschaft Bohlingen: Burg und Herrschaft waren, 1426 zuerst belegt, als Lehen Österreichs im Besitz der Herren von Homburg. 1456 verkauften sie die Herrschaft dem Kloster Salem. 1469 veräußerte Salem sie an die

Grafen von Sulz. Die neuen Besitzer verkauften es knapp 30 Jahre später ans Hochstift Konstanz. Unter Graf Alwig von Sulz wurden Burg und Kirche umgebaut. 1497 erwarb das Bistum Konstanz Burg und Herrschaft und setzte Obervögte als Verwalter ein. 1535 wird ein *Neues Haus* erwähnt; es mag nach einer Zerstörung im Bauernkrieg 1525 erbaut worden sein.

1640 brannten Soldaten von der Festung Hohentwiel die Burg nieder, die nun nicht mehr als Wehrbau diente: so genehmigte der Bischof 1687, Steine der Burg zum Kirchenbau zu verwenden. Die Zerstörung 1640 war eine Teilzerstörung; wenigstens zwei Türme bestanden weiter. Sie wurden als Gefängnis bzw. zur Unterbringung bischöflichen Gefolges bei Jagden genutzt. Noch im 19. Jahrhundert diente der erhaltene Rundturm, der größere der beiden Türme, als Jägerwohnung. In der 2. Hälfte des 19. Jahrhunderts wurde der Burggraben aufgegeben: hier verläuft seither die Hauptstraße. Die Burg hat im 19./20. Jahrhundert viele durch Neubauten bedingte Substanzverluste erfahren, so durch die Erweiterungen der Kirche, zuletzt 1978–1980, und den Bau des Weihbischof-Gnädinger-Hauses 1990/1991. Heute ist die Burg eine Gruppe scheinbar nicht

zusammengehöriger Bauten (Rathaus 1848; Pfarrhaus und Pfarrkirche; Rundturm, seit 2002 mit metallener Außentreppe; Gnädinger-Haus), die einen Parkplatz umgeben. Trotzdem ist die Anlage noch erkennbar: Der aus einem flachen Hang heraustretende Burgberg bildet ein Oval (75:30 m). Die Ringmauer ist in Teilen erhalten, und an der Ostseite sind Reste des Grabens erkennbar.

Der bedeutendste erhaltene Bau der Burg ist der heute dreistöckige Rundturm. Er hat einen Hocheingang (urspr. einziger Zugang) mit dem Wappen des Grafen Alwig von Sulz (†1493) im 1. Obergeschoss. Die kleinen Feuerwaffenscharten entstanden durch die Umgestaltung von Armbrustscharten. Das spricht für eine Entstehung im 14. Jahrhundert und einen Umbau unter Graf Alwig. Das 3. Obergeschoss ist in der heutigen Form modern. Ein rechteckiger Turm wurde 1823 abgerissen. Das Hauptgebäude der Burg soll anstelle des jetzigen Kirchenschiffes gestanden haben. Bei der Kirchenerweiterung 1865/1866 wurden Gewölbe gefunden. Im Gnädinger-Haus ist ein Stück der Ringmauer mit dem Ansatz eines Flankierungsturmes erhalten. An der Ostseite des Beringes steht das Rathaus; 1848 als Rat-

Die Burg Bohlingen mit dem Rundturm und der Pfarrkirche

Herrenhaus des Schlosses Bohlingen

Herrenhaus des Schlosses, heutiges Hauptportal

und Schulhaus erbaut, diente es bis 1973 beiden Zwecken.

Im Bering steht die katholische Pfarrkirche St. Pankratius, die zuvor dem Hl. Martin geweiht war. Ob die 1155 erwähnte Kirche mit der heutigen Pfarrkirche identisch ist, weiß man nicht. Die Kirche in der Burg ist eine im Kern spätgotische Saalkirche mit eingezogenem Chor und Nordturm. Das um 1752 umgestaltete, 1865/1866 verlängerte und neugotisch veränderte Kirchenschiff wurde 1978/1980 um zwei Seitenschiffe zur Hallenkirche erweitert. Der Chor besitzt ein spätgotisches Netzrippengewölbe mit figürlichen Konsolen und vier Schlusssteinen (1496), darunter zwei mit den Wappen der Grafen von Sulz und der Herren von Brandis: Graf Alwig von Sulz (†1493) war verheiratet mit Verena von Brandis. Im Turm finden sich teils zugesetzte Öffnungen, die eventuell Maulscharten für Feuerwaffen waren und vielleicht 1496 entstanden.

Bischöfliches Amtshaus und Jagdschloss

Östlich der Burg erhebt sich das Barockschloss, das der Konstanzer Bischof Franz Johann Praßberg, Vogt von Altensummerau, (bis) 1686 nahe der Burg, möglicherweise in einer äußeren Vorburg, bauen ließ. Es war Sitz des bischöflichen Obervogtes, Jagd-schloss, Kanzlei und Gericht. Das Schloss kann nicht getrennt von der Burg betrachtet werden, da einige ihrer Gebäude von der bischöflichen Verwaltung weitergenutzt wurden.

Zur Schlossanlage gehörten 1812 außer dem Amtsgebäude eine teils zur Zehntscheuer umgebaute Scheune, Back- und Waschküche, Bedienstetenwohnungen, Holzremise, ein Brunnen im Hof sowie Baum- und Grasgarten, Wiesen- und Rebland. 1811–1813 stand das Schloss ungenutzt. 1813 ersteigerte es der Konstanzer Domkapitular Joseph Johann Baptist Freiherr von Reichlin-Meldegg für 6 000 fl. Er ließ es in der heute erhaltenen Form umbauen. Mit der Zahlung der Kaufsumme geriet er in Verzug, daher bat er 1816 um die Erlaubnis, das Schloss für 4 000 fl in eine Lotterie einbringen zu dürfen, was ihm 1817 genehmigt wurde. Das Ergebnis ist unbekannt. Spätestens ab 1823 bestand das Gasthaus „Zur Krone" im Schloss. Heute beherbergt es ein Internat. Das Hauptgebäude wurde 1932, nach einer Instandsetzung, unter Denkmalschutz gestellt. 1955/1956 erfolgte eine Restaurierung.

Der zweistöckige Bau mit Mansarddach erhebt sich über hohem Sockel-/Kellergeschoß, das wegen der Hanglage nur an der Süd- und Westseite in Erscheinung tritt. Zwei Portale erschließen das Haus. Zum Hauptportal an der Südseite führt eine hohe einläufige Freitreppe.

Eine von zwei Putten gehaltene Wappenkartusche über dem Portal zeigt das Wappen des Bauherrn und darunter die Jahreszahl 1686. Die Wappenkartusche ist eine Kopie, ebenso wie die über dem Nordportal. Im Original gab es nur das Wappen an der Südseite. Die in illusionistischer Malerei ausgeführten Wandpfeiler an den Gebäudeecken entstanden in dieser Form bei der Renovierung 1955; die Farbfassung soll auf eine spätere, im Zuge eines Umbaues geschaffene Bemalung zurückgehen, d. h. sie entspricht nicht dem Original. Innen ist wenig von der Barockausstattung erhalten, nur das Treppenhaus und einige Türgewände/-beschläge. Stuckprofildecken gab es in mehreren Räumen. Die Nebengebäude sind seit dem 19. Jahrhundert großenteils beseitigt worden, und auch der barocke Garten ist verschwunden.

Information

Burg und Schloss Bohlingen:

Burg: Hauptstraße. Burghof frei zugänglich, die Kirche ist tagsüber geöffnet. Anfahrt von Radolfzell über die L 192 bis Moos, von dort auf der L 222 nach Bohlingen. Wenige Parkplätze im Burghof.

Schloss: Schlossstraße 3. Keine Besichtigung (Internat), doch von außen auf drei Seiten zugänglich

Burgen und Ronhauser Hof bei DETTINGEN

Über dem Südwestufer des Überlinger Sees liegt, weitgehend hinter Bäumen verborgen, die malerische Burgengruppe Alt- und Neu-Dettingen. Erstere ist eine Ruine, letztere, auch Burghof genannt, wurde bis 2003 als Forstamt genutzt.

Im 3. Viertel des 12. Jahrhunderts soll die Burg von den Herren von Dettingen, Ministerialen des Klosters Reichenau, erbaut worden sein. Nach einer Familienteilung baute sich die jüngere Linie die Vorburg jenseits des breiten Halsgrabens nach 1320 zur Burg Neu-Dettingen aus. Die Hauptburg, Sitz des älteren Familienzweiges, wurde noch vor 1350 aufgegeben. Als *burgstal ze der alten Tettingen* wird sie 1357 urkundlich erwähnt. 1362 erwarb der Deutschordenskomtur Eberhard von Königsegg die Burg für die Kommende Mainau. Die Säkularisation führte zur Auflösung der Deutschordenskommende Mainau. Wie jene kamen die Dettinger Burgen 1806 ans Großherzogtum Baden. Um 1890 wurde Neu-Dettingen dem Staatlichen Forstamt in Konstanz überlassen; 2003 suchte das Liegenschaftsamt einen Käufer für die Burg. Von Alt-Dettingen sind Reste der polygonalen Ringmauer und die Ruine des inmitten des Berings stehenden längsrechteckigen Wohnturmes erhalten.

Burg Neu-Dettingen, Außenansicht des Herrenhauses

Burg Neu-Dettingen, Hofseite des Herrenhauses

Nachdem dann 1368 Heinrich von (Alt-)Dettingen, der Letzte der älteren Linie, den Burgstall Alt-Dettingen mit Zubehör (u. a. zwei Wirtschaftshöfen) an Albrecht Blarer aus Konstanz veräußert hatte, erwarb die Kommende Mainau 1405 schließlich auch die alte Burg mit den daran gebundenen Rechten und Besitzungen. Soldaten von der Festung Hohentwiel und Truppen Hans Ludwigs von Erlach brannten 1642, im Dreißigjährigen Krieg, Neu-Dettingen nieder. Das Deutschordenswappen über dem Portal des Hauptgebäudes belegt, dass jenes um 1661 unter dem Mainauer Komtur Philipp Albrecht von Berndorff zu Püll und Steinbach neu aufgebaut oder ausgebaut wurde. Der stattliche dreistöckige, annähernd quadratische Bau mit Stufengiebeln entstammt in seinen beiden unteren Geschossen anscheinend noch weitgehend dem Spätmittelalter; einige Fenster, das Portal und das schlichte Fachwerkobergeschoss entstanden wohl im 17./18. Jahrhundert. Im Inneren sind Türen und Kassettendecken der Spätrenaissance bzw. des Frühbarock erhalten, die vom Ausbau 1661 stammen. Bemerkenswert ist der Steckborner Kachelofen im sog. „Rittersaal" im 1. Obergeschoss. Ans Herrenhaus schließt das Ökonomiegebäude von 1570 an; wie jenes sitzt es auf der Ringmauer auf.

Information

Burgen Alt- und Neu-Dettingen:
Von der L 219 zwischen Dettingen und Wallhausen zweigt links, in Höhe des Wasserhochbehälters, ein Feldweg ab (Wanderparkplatz), der am Waldrand entlang zu den Burgen führt (ca. 1 km). Alt-Dettingen ist eine frei zugängliche Ruine. Neu-Dettingen ist nicht zu besichtigen, doch von außen teils einzusehen.

Herrenhaus des Ronhauser Hofes, Hauptfassade

Ronhauser Hof

In Luftlinie ca. 1,5 km von den Dettinger Burgen entfernt liegt der Ronhauser Hof mit seinem barocken Herrenhaus. Das zweigeschossige, fünfachsige barocke Gebäude soll 1766 nach dem Entwurf des bedeutenden Architekten Franz Anton Bagnato erbaut worden sein.

Es trägt über dem Portal eine Bauinschrift und das Wappen des Komturs der Deutschordenskommende Mainau, Reuttner von Weil.

Information

Ronhauser Hof:
Auf der L 220 von Dettingen nach Langenrain nach 1 km links (kein Parkplatz); besser zu Fuß von Dettingen. Wanderweg führt am Herrenhaus vorbei.

Burgruine Alt-Dettingen, Wohnturmruine

Wolfsberg, Altes Schloss, Eingangsseite

Wolfsberg, Neues Schloss

Wolfsberg, Altes Schloss und Galerie am Garten

Schloss Wolfsberg

Wie viele Schlösser und Landsitze auf dem Seerücken erhebt sich Wolfsberg auf einer Terrasse, die eine äußerst eindrucksvolle Aussicht über den Untersee sowie auf den Bodanrück bietet. Der Name Wolfsberg (auch Wolfenberg) geht auf den Bauherrn Wolf Walter von Gryffenberg gen. Weerli zurück, der aus einem Ratsgeschlecht in Frauenfeld stammte. Er hatte 1570 den Hof Lanterswilen oberhalb von Ermatingen erworben. Da aber das Haus des Hofes *nit dermassen erbauen, dass er sammt seiner geliebten Hausfraun und Kindern in die Länge darin ihrem Stand gemäß wohnen und haushalten könne*, beschloss er, ein neues Haus zu bauen, berichtet 1571 eine Urkunde. 1573 erwarb er das Gelände des jetzigen Schlosses und ließ dort einen standesgemäßen Sitz erbauen, den er wohl um 1585 bezog. Es war offenbar ein Fachwerkbau mit Treppengiebeln (Stäheli 2001). Neben dem Wohnbau entstanden Wirtschaftsgebäude und eine Ziegelhütte. Schon 1595 kaufte Friedrich Gelderich von Sigmarshofen Wolfsberg, das bald darauf den Rang eines Freisitzes erhielt. 1701 kam das Schlossgut an Herzog Leopold Eberhard von Württemberg, regierender Fürst

zu Mömpelgard, der es seiner Gattin Anna Sabina Hedwiger vermachte, die der Kaiser bald danach als Gräfin von Sponeck in den erblichen Reichsgrafenstand erhob. Unter dem folgenden Besitzer, Junker Johannes Zollikofer von Altenklingen, der Wolfsberg seit 1731 besaß, entstand das heutige „alte Schloss" mit Mansarddach und Glockenträger und eine dieses umgebende Ringmauer mit Ecktürmern/–pavillons, die nicht mehr besteht, jedoch noch auf Gemälden des frühen 19. Jahrhunderts zu sehen ist. Nach dem Tod seiner Frau verkaufte Zollikofer das Anwesen 1759 an Hartmann Friedrich von Breitenlandenberg. Der kaiserlich russische Staatsrat, Amsterdamer Bankier und Handelsunternehmer Baron Jean Jacques Högger kaufte 1795 das Schloss, das er als Sommersitz nutzte. Mit der Auflösung der niederen Gerichtsbarkeit im Thurgau 1798 verlor Wolfsberg, wie andere Freisitze, seinen besonderen Rechtsstatus. Högger, der 1812 starb, residierte sehr herrschaftlich auf Wolfsberg, wo er prominente und hochrangige Gäste empfing, wie etwa 1811 König Maximilian I. von Bayern mit Gefolge und den Komponisten Carl Maria von Weber. Bereits um die Wende zum 19. Jahrhundert hatte er das neue Schloss (Parquin-

haus) nahe dem alten als Gästehaus bauen lassen. Im Mittelbau befand sich eine Reithalle.

Das Schloss wird „Fremdenpension"

1824 wurde Charles Parquin, ein Bonapartist, neuer Besitzer von Wolfsberg. Er war verheiratet mit Louise Cochelet, einer Vertrauten der ehem. holländischen Königin Hortense (s. Arenenberg). Unter Parquin wurde das neue Schloss zur ersten Fremdenpension im Kanton Thurgau. Gleichzeitig ließ er den Park im Sinne eines Englischen Landschaftsgartens erweitern. Es entstand u. a. eine kleine Blockhütte, die sog. Eremitage im Wolfsbergtobel. Auch die neugotische Kapelle südlich des französischen Gartens wurde auf Parquins Veranlassung um 1830 erbaut (Epitaphien, Gestühl und Lettnerfragment aus der Kirche Ermatingen). Mit zweisprachigen Prospekten (englisch, französisch) ließ der Schlossherr für seine Pension werben. Die in St. Gallen erscheinende Zeitung ‚Erzähler' berichtete am 6.5.1825: *Zu dem Personale des Hauses gehören ein*

Arzt, ein Wagenmeister, ein französischer Koch, ein Glacier, eine Feinwascherin. Die Stunden für Gabel- und andere Frühstücke, Tafel und Theegesellschaften sind auf französischem Fuße. Zu Diensten der Gäste stehen Bäder, Stallung, Remisen, Pferde, Caleschen, Schiffe, Jagden, Fischentzen, Journale, Billards, Gärten und einladende Spaziergänge. Für den Genuss aller dieser Herrlichkeiten bezahlt der Fremde 140 Gulden monatlich und 35 für den Bedienten. Zu den Gästen auf Wolfsberg gehörten u. a. wohl Chateaubriand und Alexandre Dumas. Charles Parquin beteiligte sich 1835 auf Veranlassung des Prinzen Louis Napoléon (später Kaiser Napoléon III.) am Straßburger Putsch, der die Bonapartisten in Frankreich wieder an die Macht bringen sollte, jedoch fehlschlug. Zwar wurde er freigesprochen, doch nach seiner Teilnahme am Putschversuch von Boulogne Parquins wurde er zu 20 Jahren Festungshaft verurteilt. Bereits 1839 kam es zum Konkurs des Unternehmens auf Wolfsberg. Martin Parry, ein englischer Landedelmann, unterhielt hier 1839–1847 einen landwirtschaftlichen Musterbetrieb. Bis 1865 folgten dann viele Besitzerwechsel, das alte und das neue Schloss gelangten in verschiedene Hände. Karl Bürgi machte 1865 eine Kuranstalt aus dem neuen Schloss, das zu diesem Zweck verändert wurde (u. a. Aufstockung der Nordfront, Sonnenterrasse, Badehaus mit Kabinen an der Westseite). 1889 konnte er auch das alte Schloss als Dependence seines Kurhotels erwerben. 1918 kaufte Erwin Richard Lauber Wolfsberg: Das Badehaus und die Eremitage wurden abgebrochen und der Laubengang an der Ostseite des alten Schlosses angelegt. Nach dem Fabrikanten Edmund Oederlin-Moersdorff, der 1925 das Schloss erworben hatte, gelangte es 1938 an den Juristen und Kriminalschriftsteller Paul Meyer (Pseudonym Wolf Schwertenbach), Zürich, der die Gebäude sanieren ließ. Während seiner Zeit hatte das Schloss eine wichtige politische Funktion: Im Zweiten Weltkrieg fanden auf dem Wolfsberg geheime Treffen zwischen Schweizer Geheimdienstlern und Vertretern des Dritten Reiches statt. Über diese Begegnungen war auch der Chef der Schweizer Armeeführung, General Henri Guisan, genauestens informiert, da er selbst in Kontakt zu Schellenberg zu treten wünschte, um die Zweifel an der schweizerischen Neutralität zu beseitigen (Stäheli 2001).

Das Schloss als Ausbildungszentrum

Von den Erben Meyers erwarb 1970 die UBS das Schloss und ließ dieses zu einem Ausbildungszentrum einrichten. Neben der umfänglichen Renovierung kam es zu Neubauten (von Rudolf und Esther Guyer), die bewusst niedrig und zurückhaltend im Landschaftsbild gestaltet wurden. Ein Umbau des alten Schlosses – es enthält die Rezeption und das Sekretariat – erfolgte 1994, der des neuen Schlosses 1997. Seither gab es weitere Renovierungen einzelner Gebäude.

Das alte Schloss ist ein schlichter dreistöckiger wohnturmartiger Bau mit Mansardzeltdach. An den Ecken ist es mit Lisenen besetzt, die Eierstabfriese zeigen. Die Verteilung der Fenster ist unregelmäßig. Beide Portale sind 1590 datiert. Im 2. Obergeschoss ist eine Wessobrunner Stuckdecke (vermutlich 1732) erhalten. Die qualitätvolle Ausstattung (Gemälde des 16. Jahrhunderts; spätgotischer Schrank) wurde z. T. von der UBS hinzugekauft.

Das neue Schloss wurde um 1800 als eingeschossiger Walmdachbau mit Mittel- und Eckpavillons erbaut. Die Nordseite erfuhr um 1865 eine Aufstockung. Vor dem Gebäude findet sich ein vor nicht all zu langer Zeit wieder entdeckter Sodbrunnen (2. Hälfte 19. Jahrhundert). 1972–1975 wurden Teile des Baues entkernt. Die drei Empireräume (Zeltsaal, Gelber und Roter Saal), welche zur Zeit Parquins entstanden, wurden 1972–1975 originalgetreu nachgebaut (Stäheli 2001); sie dienen heute als Speisesäle. Der Zeltsaal ist in seiner Formgebung und Farbigkeit einem napoleonischen Feldherrenzelt nachempfunden. Sein zeltartiger Deckenaufbau und seine Wände sind mit

Rellingsches Schlössli in Ermatingen

vertikal blauweiß gestreiften Tapeten ausstaffiert, die unter den Deckenschrägen einen aufgemalten, goldenen Lambrequin [= mit Quasten/Spitzen besetzter Querbehang] aufweisen (Stäheli 2001). Einen Zeltsaal gibt es auch in Schloss Arenenberg/Salenstein. Im Park stehen Skulpturen von Henry Moore (1898–1986), George Rickey (*1907), Raffael Benazzi (*1933) und Stephan Balkenhol (*1957).

Weitere Schlösser in Ermatingen

Zu den Schlössern in Ermatingen gehört, neben Schloss Hard, das wohl aus einer Burg hervorging, das Rellingsche Schlössli (Berggasse 3; privat). Das angeblich 1501 neu erbaute Schloss war seit 1579 Freisitz des Jechonias Rellingen von Feder. Der zweiteilige Fachwerkbau weist einseitig einen markanten Treppengiebel auf.

Haus Ulmberg (Wolfsbergstr.) steht möglicherweise nahe einer mittelalterlichen Burgstelle: auf dem östlich unterhalb gelegenen Hügelsporn finden sich Reste einer (Ring-)Mauer. Das jetzige Haus mit Säulenportikus und Walmdach entstand 1919. In den Jahren 2001/2003 wurde es renoviert. Seine dominante Wirkung ging durch den gleichzeitig ausgeführten Bau des nahebei gelegenen würfelförmigen Stahl-Glas-Gebäudes (von Herzog & de Meuron) verloren.

Information

Schloss Wolfsberg:
Wolfsberg Executive Development Centre (Konzerngesellschaft der UBS AG), CH-8272, Tel. (+41) 0716635151, Fax (+41) 0716635590, www.wolfsberg.com.

Ermatingen ist über die Seeuferstraße erreichbar. Zufahrt zum Schloss von Ermatingen ausgeschildert, Parkplatz am Schloss. Nur Außenbesichtigung; bisweilen Besichtigung nach Voranmeldung möglich.

Wolfsberg, Blick durch den Garten zur Kapelle

Wolfsberg, Schlosskapelle

Schloss Freudenfels, Hochwacht Klingenzell bei ESCHENZ

Blick in den Schlosshof mit dem Winterhaus (links) und dem Weiberhaus

Bemalte Tür im Inneren des Herrenhauses

Vermutlich waren es die Herren von Eschenz, ein im Dienst der Abtei Reichenau stehendes Ministerialengeschlecht, die in der Zeit vom 12. bis zum 14. Jahrhundert auf Freudenfels wohnten (Hauswirth 1964), doch bleibt dies unbewiesen. Das Schloss, dessen Anfänge also unbekannt sind, erhebt sich auf einem Sporn westlich des Klingenzeller Tobels, *uff einer fruchtbaren lustigen ebne*, wie der Kaufanschlag von 1623 beschreibt. Urkundlich wird das zweigeteilte Gut zuerst 1359 genannt, als eine Hälfte von den Herren von Hohenklingen an die Herzöge von Österreich kam. Es gehörte später der Familie von Ravensburg und dem aus Konstanz stammenden Geschlecht Roggwil; Ritter Heinrich von Roggwil wohnte hier 1428. Auch die andere Hälfte der Burg hatte viele Besitzer: 1468 gehörte sie Junker Heinrich von Boswil, 1502 Konrad Egli von Herdern und dann etwa 100 Jahre lang der Familie von Payer (auch Peyer). Von der letztgenannten kamen Schloss und Herrschaft Freudenfels 1623 ans Kloster Einsiedeln. Den zuvor von Burg Oberstaad aus verwalteten Besitz des Klosters um Eschenz betreute nun ein auf Freudenfels ansässiger Statthalter. 1985 erfolgte die Eingliederung der Statthalterei in jene auf Schloss Sonnenberg. Auf Freudenfels entstand ein Ausbildungszentrum, dazu wurde das Schloss restauriert und das Stall- und Knechtenhaus zu Unterkünften ausgebaut.

Das Aussehen der mittelalterlichen Burg ist nicht bekannt. Eckbuckelquader am talseitigen Bau lassen annehmen, dass von dieser umfängliche Bausubstanz in das barocke Schloss einbezogen wurde. Im 1. Obergeschoss des Südflügels gibt es eine Fenstersäule aus der

Hofseite des Winterhauses mit Sonnenuhr

1. Hälfte des 16. Jahrhunderts. 1617, kurz vor dem Übergang ans Kloster Einsiedeln, erfolgte zwar eine Renovierung des Schlosses, doch war es Ende des 17. Jahrhunderts baufällig. Der Baumeister Kaspar Moosbrugger, der 1689 den Bau untersuchte, stellte ein *unflätiges, unförmiges, gewinkeltes, teilweise auch baufälliges wesen* fest. Vereinzelte Baumaßnahmen erfolgten ab 1692/1693 bis etwa 1730. Erst 1747 entstand das Schloss in der heutigen Gestalt, indem Abt Nikolaus Imfeld den Südflügel (Winterhaus) umgestalten und beide Flügel neu ausstatten ließ.

Der Baubefund legt nahe, dass der beauftragte Baumeister Franz Singer (Meßkirch) die Westhälfte und das Obergeschoss des Südflügels neu ausführte. Erst 1824 erfolgte die Bekrönung mit dem schlanken Haubendachreiter. Im 19. und 20. Jahrhundert kam es dann noch mehrfach zu Umgestaltungen im Inneren. Das Herrenhaus des Schlosses setzt sich aus zwei T-förmig aneinandergesetzten Flügeln zusammen, dem talseitig gelegenen Nordflügel (Sommerhaus) mit den erwähnten Eckbuckelquadern und einem Fachwerkgiebel unter Krüppelwalm (17. Jahrhundert) und dem Winterhaus an der Bergseite. Letzteres gehört zu den schlichten, trotzdem stattlichen Landschlössern mit hohem Walmdach. Ihm vorgelagert ist der seit 1956 wieder von einer Ringmauer umgebene Hof, an dessen Nordwestecke das *Weiberhaus* steht. Hier wohnten die Mägde, die nicht mit den Klosterleuten unter einem Dach wohnen durften. Ursprünglich war es ein Back-, Wasch- und Hühnerhaus. Im Erdgeschoss des Herrenhaus-Nordflügels ist seit 1956 eine Kapelle eingerichtet. Das Obergeschoss enthält Räume mit Wessobrunner Stuck (1747), mit Veduten bemalte Türen und einen weiß-blauen Steckborner Ofen (1747/1749, Rudolf Kuhn). Der Barockgarten wurde in Teilen 1989/1991 frei rekonstruiert.

Schloss Freudenfels, Blick vom Garten auf das Winterhaus

Die Hochwacht Klingenzell, links der Untersee

Hochwacht Klingenzell

K napp 1 km entfernt von Schloss Freudenfels liegt in östlicher Richtung die Hochwacht. So bezeichnete man die ständig besetzten hochgelegenen Punkte des Wachtsystems zur Grenzsicherung und Brandwache, in das u. a. auch der Hauptturm der nahe gelegenen Burg Hohenklingen über Stein am Rhein einbezogen war. Auf der Hochwacht entstand in den 1930er Jahren ein Artilleriewerk („Bunker") der Schweizer Grenzbefestigung. Von hier oben bietet sich einer der eindrucksvollsten Ausblicke auf den westlichen Bodensee.

Schloss Freudenfels, Darstellung aus dem 18. Jahrhundert

Information

Schloss Freudenfels:
Liechtenstein Global Trust (LGT),
Schloss Freudenfels AG. – Zufahrt von Eschenz her ausgeschildert. Nur Außenbesichtigung (Ausbildungszentrum); Hof und rekonstruierter Barockgarten zugänglich, Parkplatz nahe dem Schloss.

Hochwacht Klingenzell:
Zufahrt von Eschenz her in Richtung Wallfahrtskirche Klingenzell, nahebei Wanderparkplatz. Das Äußere ist frei zugänglich.

23

Schloss ESPASINGEN

Teilansicht des Schlosses von der Straßenseite

Allianzwappen an der Eingangsseite des Herrenhauses über dem Portal

Die Siedlung *Aspesingen* fand bereits 902 in einer Urkunde Erwähnung. Eine mittelalterliche Burg am Ort ist hingegen nicht bekannt. Man weiß auch nicht, ob die zwischen etwa 1100 und 1169 nachweisbaren Herren von Espasingen Ortsherren waren und wie die Herren von Bodman, die spätestens im 15. Jahrhundert das Niedergericht innehatten, den Ort an sich brachten, den sie bis 1805 besaßen.

Das Bodmansche Schloss in Espasingen ist 1620 erstmals bezeugt. Nach der Zerstörung der Burg Alt-Bodman 1643, im Dreißigjährigen Krieg, verlegte die Familie von Bodman ihren Wohnsitz in das Schloss. Bereits 1638 hieß es über dieses, es sei mancher *commoditeten halber viel bequemblicher als das berghauß Bodman zu bewohnen, ob es gleichwohl selbigem in so starckem gepew nit gleich wehr*, d. h. Bequemlichkeit hatte inzwischen einen höheren Stellenwert als Wehrhaftigkeit. 1682–1685 ließen Hans von Bodman und sei-

ne Gattin Maria Salome Schindelin von Unterraitenau das neue Schloss errichten; ihr Allianzwappen ist über dem Portal eingelassen.

1839 wurde das Schloss zu einer Brauerei mit Wirtschaft umgebaut. 1892 durch einen Brand beschädigt, diente es bis 1968 als Brauerei. Später dann wurde es zu einer Mälzerei und einer Getränkegroßhandlung.

Die Seitenflügel des dreiflügeligen Schlosses, dessen Aussehen historische Abbildungen überliefern, prägten die zweigeschossigen Volutengiebel der Seitenflügel. In den rechten Giebel war ein Glockenträger integriert: dieser Flügel enthielt die Kapelle. Im Untergeschoss gab es gewölbte Räume. 1887 berichtet Kraus, im *obern Geschoss* gäbe es *Reste stukkirter Decken (Rococo)*, der *Rittersaal* im dritten Stock sei hingegen *jetzt ganz verändert*. Im *besten Zimmer* mit *Stuccatur* war *ein eiserner Ofen mit Bodman'schem Wappen* vorhanden.

Schloss Espasingen vor dem Umbau zur Brauerei, Gemälde aus dem 18. Jahrhundert

Information

Schloss Espasingen:
Das Schloss steht an der Durchgangsstraße im Ort. Parkplatz bei der Kirche. Nur Außenbesichtigung.

25

Die Schlösser in GAIENHOFEN

Schloss Gaienhofen, Herrenhaus

Schloss Gaienhofen, Herrenhaus. An der großen Mauerstärke im Bereich der Fenster ist erkennbar, dass mittelalterliche Bausubstanz vorhanden ist

Schloss Gaienhofen

Am Ufer des Untersees steht das Schloss, welches ein 20 m breiter, bis zu 8 m tiefer Graben vom umgebenden Hanggelände trennt. Angeblich für den Konstanzer Bischof Gebhard III. von Zähringen (1085–1110) erbaut, soll die Burg Gaienhofen vor allem als Jagdsitz genutzt worden sein. Die erste urkundliche Nennung stammt aus dem Jahr 1300, als Bischof Heinrich II. von Klingenberg von seinem Bruder Albrecht, Reichsvogt in Konstanz, Burg und Dorf Gaienhofen mit der Vogtei sowie weiterem Besitz erhielt. 1311 kam die Burg wieder ans Bistum Konstanz. Rudolf von Montfort verpfändete sie 1323 Konrad von Klingenberg und dessen Neffen Albrecht. Bis ins 16. Jahrhundert folgten weitere Verpfändungen. Seit dem 15. Jahrhundert war die Burg Sitz bischöflicher Vögte und Obervögte: Das Vogtei-/Obervogteiamt Gaienhofen bestand bis zur Säkularisation 1803, doch wurde es Mitte des 18. Jahrhunderts dem Amt Bohlingen unterstellt.

Im Schweizerkrieg 1499 besetzten eidgenössische Kämpfer und im Bauernkrieg 1524/1525 aufständische Bauern die Burg. Während des Dreißigjährigen Krieges setzten sich zeitweise schwedische Truppen in ihr fest, die das Umland auf Beutezügen ausplünderten. Unter dem Konstanzer Fürstbischof Marquard Rudolf von Rodt (1689–1704) wurde das Schloss barock ausgebaut. 1803 fiel es an Baden; 1821 kaufte es der badische Hauptmann Wilhelm Reinhard von Weiterdingen. Nach weiteren Besitzerwechseln pachtete 1903 Prof. Georg von Petersen aus Berlin das Schloss, das er 1906 kaufte.

1904 richtete Berta von Petersen das Deutsche Landerziehungsheim für Mädchen darin ein, das Dr. Elisabeth Müller (Flensburg) nach dem Verkauf 1914 weiterführte. Ein Brand zerstörte 1925 Teile des Schlosses. Ab 1946 nutzte es die Christliche Internatsschule Schloß Gaienhofen, 1952 erwarb es die Evangelische Landeskirche. Als Internatsschule dient das mehrfach veränderte und um Neubauten ergänzte Schloss noch heute.

Noch gut erkennbar ist die etwa rechteckige Hauptburg (ca. 42x57 m), die um 1200 oder im 13. Jahrhundert entstand. Auf den Ecken der Ringmauer wurden – wahrscheinlich erst in einer späteren Bauphase – Türme errichtet, deren letzter 1854 einem Abbruch zum Opfer fiel. Das dreistöckige Hauptgebäude steht frei im Hof. Es enthält mittelalterliche Bausubstanz, wie die Gewände mehrerer Schlitzfenster im Untergeschoss zeigen, die bei der letzten Sanierung sichtbar belassen wurden. Über dem seeseitigen Portal sitzt das Wappen des Fürstbischofs Marquart Rudolf von Rodt, der um 1700 den barockisierenden Umbau beginnen ließ. Das Schloss wurde „Schloss der neun Türme" genannt: Vier gab es an den Ringmauerecken, vier (vielleicht Erkertürmchen) saßen auf/an den Ecken des Wohnbaues. Der neunte konnte nicht lokalisiert werden, vielleicht war es ein Bergfried, ein Treppenturm oder nur ein Dachreiter. Eine Flurkarte von 1783 zeigt nur noch zwei Ringmauertürme.

Schloss Gaienhofen, Herrenhaus, Eingangsseite (historische Ansichtskarte, Ausschnitt)

Information

Schloss Gaienhofen:
Das Schloss steht oberhalb der Schiffsanlegestelle am Seeufer, dort befindet sich ein Parkplatz. – Nur Außenbesichtigung (Internat). Von der L 192 (Seeuferstraße) zweigt neben der modernen Pfarrkirche die Straße zum Schloss, zum Campingplatz und zum Schiffsanleger ab.

Schlössli Hornstaad vor 1928 (historische Ansichtskarte)

Schlössli Hornstaad
(Ortsteil Horn)

Das Schloss, von dem nur das veränderte Herrenhaus erhalten blieb, liegt am flachen Seeufer neben dem Yachthafen. Auf den einstigen Graben deuten bei Bauarbeiten gefundene Reste. Die frühe Geschichte des Schlosses ist unbekannt. Es könnte um 1640 entstanden sein und gehörte Johann Jakob von Liebenfels d. J., dessen gleichnamiger Vater als möglicher Bauherr gilt (Schmitt I 1998). Durch die Heirat seiner Tochter Flora Helena (†1706) mit Heinrich Philipp Alexander von Stuben kam das Schloss an die von Stuben. Maria Anna, die Tochter des Ehepaares, heiratete David von Coppenhagen. Walpurga Anna von Coppenhagen veräußerte 1780 oder 1818 wegen finanzieller Probleme Hornstaad an den Münsterlinger Zehntknecht Simon Bruttel. Sein Sohn Konrad wurde Ratsschreiber in Horn, und die Tochter seines Enkels, Luise, eröffnete 1919 mit ihrem Ehemann Josef Berenbach eine Gastwirtschaft im Schloss.

Das zweigeschossige Herrenhaus mit Fachwerkobergeschoss wurde mehrfach umgebaut. 1928 und 1955 kam es zu Erweiterungen für die Gaststätte, letztere nahm dem Bau die ursprüngliche Symmetrie. Der Treppenturm, der um 1800 seinen Aufsatz verloren hatte, erhielt 1980 seinen jetzigen Helm. Einst führte ein Gang durch das Gebäude, der Wohnräume und Küche auf der einen von Stallungen und Scheuer auf der anderen Seite trennte. Im 1. Obergeschoss sind zwei Wohnstuben mit Vertäfelungen und Kassettendecken, im 2. Obergeschoss ein kleiner Saal erhalten. Heute ist das Schloss ein beliebtes Ausflugslokal.

Gaienhofen-Horn, Schlössli Hornstaad, die Hofseite des Herrenhauses vor der Erweiterung von 1928 (Zeichnung von A. Pfannendörfer)

Information

Schlössli Hornstaad:
Restaurant Schlössli, Hornstaader Straße 43, 78343 Gaienhofen-Horn, Tel. 07735-2041, Fax -8489. Parkplatz am Schloss; Biergarten am Seeufer. – Abzweig von der L 192 im Ort ausgeschildert.

Schlössli Hornstaad, Portal des Treppenturmes, Ansichtskarte, ca. 1900/1920

Festung HOHENTWIEL

Der Twiel – Wahrzeichen der Hegau-Vulkanlandschaft – dominiert weithin das Land am westlichen Bodensee. Seit fast 1100 Jahren wurde der Berg immer wieder neu befestigt. Erst seit dem Spätmittelalter wird er „Hohentwiel" genannt.

914 wollte Erchanger, Pfalzgraf in Bodman, das schwäbische Herzogtum neu errichten, das zur Karolingerzeit sein Ende gefunden hatte. Es kam zum Krieg mit König Konrad I. Erchanger geriet in Gefangenschaft – seine Anhänger legten auf dem Twiel eine Befestigung an, die der König 915 erfolglos angriff. 919 suchte Herzog Burkhard II. (reg. 917–926) den Ausgleich mit König Heinrich I.; er konnte in der Folge das Herzogtum festigen. Burkhard III. (reg. 954–973) schließlich baute auf dem Twiel eine Residenz und gründete hier um 970 ein Kloster. Er starb ohne Nachkommen. Mit dem Tod seiner Frau Hadwig (†994) verlor die Residenz dann ihre Bedeutung. König Heinrich II. verlegte um 1005 das Kloster nach Stein am Rhein.

Rondell Augusta

Bis zum Ende des Mittelalters

Vor 1079 kam der Twiel an die Herzöge von Zähringen. Im Investiturstreit eroberten ihn 1086 Truppen des kaisertreuen St. Gallener Abtes Ulrich – die Zähringer standen auf seiten des Papstes. Nach 1122 hatten die Herren von Singen die Burg inne, nach der sie sich nun „von Twiel" nannten. Später wurden die Herren von Klingen Besitzer der Burg, die Ulrich von Klingen 1300 an Albrecht von Klingenberg verkaufte. Die Klingenberger, angesehene und wohlhabende habsburgische Dienstleute, erlebten im 15. Jahrhundert ihren Niedergang. 1464 kam es zur Belagerung der Burg Twiel (Werdenberger Fehde). 1465 wurden Eberhard und Heinrich von Klingenberg Dienstmannen Erzherzog Sigmunds von Österreich; bereits 1447 waren Klingenberger in württembergische Dienste getreten. Das war ein Bruch mit der habsburgfreundlichen Familientradition. Konflikte innerhalb der Familie sollte 1475 ein Burgfrieden für ihre wichtigste Burg, Hohentwiel, beseitigen. 1511 räumte Hans Heinrich von Klingenberg Herzog Ulrich von Württemberg (reg. 1498–1550) das Öffnungsrecht (= Zugang bei Bedarf) für die Burg ein. Österreich regelte 1517/1518 vertraglich, dass Hans Heinrich von Klingenberg auch in seinen Dienst trat und ihm das Öffnungsrecht zugestand.

Württembergische Festung

1519 machte der aus Württemberg vertriebene Herzog Ulrich vom Öffnungsrecht Gebrauch. Es gelang ihm, Hans Heinrich von Klingenberg aus der Burg zu verdrängen. Mit dem Erwerb der Burg durch Herzog Ulrich geriet diese in die Auseinandersetzungen zwischen Österreich und Württemberg. Vom Hohentwiel aus führte Ulrich den Kampf um sein Herzogtum. Die Besatzung der Burg wurde verstärkt (1522/1523: 50 Mann, Ende 1524: 500), die Burg zur besseren Verteidigung ausgebaut. 1538 konnte der Herzog die Burg endgültig an sich bringen. Infolge des Schmalkaldischen Krieges floh er 1546/1547 wieder auf den Hohentwiel. 1547 musste er die Besetzung und Öffnung seiner Landesfestungen zugestehen. Während der Regentschaft seiner Nachfolger Herzog Christoph (reg. 1550–1568) und Herzog Ludwig (reg. 1568–1593) wurde Hohentwiel zu einer der sieben württembergischen Landesfestungen ausgebaut.

Der Dreißigjährige Krieg

Im Dreißigjährigen Krieg (1618–1648) wurde die Festung fünfmal erfolglos belagert. 1635 brach die Pest in der Festung aus. Kommandant Widerhold, der die Festung 1635/1636, 1638, 1640, 1641/1642 und 1644 erfolgreich verteidigte, genießt bis heute einen legendären Ruf. Erst durch die Forschungen von Dr. Roland Kessinger wird seine Rolle nun differenzierter betrachtet. 1637 hatte er sich mit Bernhard von Weimar – und damit indirekt mit Frankreich – verbündet. Er handelte in jener Zeit als eigenständiger „Kriegsunternehmer", der das Umland mit seinen Raubzügen drangsalierte. 1638 weigerte sich Widerhold, die Festung im Namen des Herzogs dem Kaiser zu überlassen. Seine Soldaten waren 1638 an der Belagerung der Festung Breisach beteiligt; Überläufer aus Breisach kamen auf den Hohentwiel. Im Juni 1639 begann die zweite Belagerung durch Bayern und kaiserliche Truppen, die am 9.7. die untere Festung (Vorhof) eroberten, diese aber nicht lange halten konnten. Anfang Januar 1640 wurde die Belagerung aufgehoben. Im September 1640 begann die dritte Belagerung, doch Frankreich brachte Einsatz.

Kirchturm der Schlosskirche

Herzogsschloss mit Ekkehardsturm

Im Vorfeld der auf dem Reichstag 1640/1641 beschlossenen vierten Belagerung gelang es Widerhold 1641, auf Beutezügen bis Rottweil und Oberschwaben, Proviant für die Festung zu beschaffen. Im Oktober 1641 lagen 1.300 kaiserliche und je 800 bayerische und vorderösterreichische Soldaten vor dem Hohentwiel. Die Besatzung unternahm Ausfälle, erbeutete und vernagelte Kanonen. Die Belagerer umschlossen die Festung mit Palisaden und ließen Tiroler Bergknappen Minen unter der Festung anlegen.

Im Dezember 1641 war die Situation auf dem Twiel gefährlich, doch auch die Belagerer litten unter Hunger, Kälte, Krankheiten und der dauernden Furcht vor einem französischen Gegenangriff. Als Franzosen Anfang 1642 den Hochrhein hinaufzogen, gaben die Belagerer auf. Nachdem auch die fünfte Belagerung erfolglos blieb, dauerte es noch bis 1650, bis Herzog Eberhard III. von Württemberg Herr über seine Festung wurde.

Das Ende der Festung

Nachdem die Festung im 17./18. Jahrhundert weiter befestigt worden war, kam ihr Ende im zweiten Koalitionskrieg, den eine österreichisch-russisch-englische Koalition gegen das Europa bedrohende Frankreich unter Napoleon führte. Frankreich begann den Krieg am 25.4.1800 mit Vorstößen aus den Brückenköpfen Breisach und Kehl. Nun setzten weitere 30 000 französische Soldaten über den Rhein und vertrieben die knapp 7000 im Hegau stehenden Österreicher. Nun stand die Division Vandamme vor dem Hohentwiel. Vandammes Adjutant forderte um 12 Uhr den Festungskommandanten Generalmajor Georg Bernhard von Bilfinger und seinen Vize Oberstleutnant Wolff zur Übergabe auf. Die kleine, überalterte Garnison von 108 Mann hatte sich in die obere Festung zurückgezogen; die angeforderte Verstärkung war nicht eingetroffen.

Um 23 Uhr wurde die Kapitulation im Pfarrhaus zu Singen unterzeichnet. General Vandamme sagte zu, sich dafür einzusetzen, die Festung unzerstört zu belassen. Noch bevor die Kapitulation unterzeichnet war, zogen Franzosen in die untere Festung ein. Am nächsten Tag, gegen 6 Uhr, rückte die württembergische Garnison mit militärischen Ehren ab. Die Kommandanten von Bilfinger und Wolff wurden am 24.5. von einem Militärgericht zum Tode verurteilt, da sie die Festung entgegen dem Befehl des Herzogs übergeben hatten. Herzog Friedrich II. begnadigte beide jedoch zu langjähriger Festungshaft.

Obwohl sie strategisch fast bedeutungslos war, gab Napoleon im August 1800 den Befehl zur Schleifung der Festung – primär ein symbolischer Akt. Die Zerstörung wurde ab Oktober bis Mitte März 1801 mit Hilfe zwangsverpflichteter Bewohner umliegender Orte betrieben. Am Abbruch wirkten 76 französische Mineure der Festung Mainz mit. Bei der Sprengung des Rondells Augusta wurden zwei Mineure tödlich, ein weiterer schwer verwundet. Die Zerstörung konzentrierte sich vor allem auf die obere Festung. Nach einem Bericht von 1801 hätten einige Bauten gerettet werden können, so die Herzogsburg, doch zerfiel die Festung zusehends. Sie wurde nach 1801 als Steinbruch ausgebeutet.

Erhaltungsmaßnahmen setzten erst ein, nachdem der Hohentwiel von Romantikern und *Alterthumsfreunden* „wiederentdeckt" worden war. Nachdem es im 19. Jahrhundert wiederholt Pläne gab, Hohentwiel neu zu befestigen, was an den Kosten und der inzwischen unbedeutenden Lage scheiterte, setzte bald der Tourismus ein: Joseph Victor (von) Scheffels Roman ‚Ekkehard' (1855) führte dazu, dass viele die Burg als dessen Handlungsort sehen wollten. Anfang des 20. Jahrhunderts fanden am Hohentwiel Freilichtspiele statt, in denen die Geschichte der Herzogin Hadwig und ihres Hauslehrers, des Mönches Eckehard, aufgeführt wurde.

Teilansicht der unteren Festung, Feldseite

Im Zweiten Weltkrieg bestand auf dem Kirchturm der Festung ein Luftbeobachtungsposten. 1941 wurde das Gebiet um den Berg unter Naturschutz gestellt. Heute gehört die Festung zu den Staatlichen Schlössern und Gärten Baden-Württemberg.

Die Ruine

Die hochmittelalterliche Burg wird im Bereich der späteren Herzogsburg vermutet. Ungewiss ist, ob der Bau von 914 auf dem Gipfel stand. Selbst die Standorte der Herzogsresidenz und des Klosters sind unbekannt. Die erste verlässliche Abbildung des Hohentwiel liegt aus dem Jahre 1588 vor; sie zeigt die mit Geschütztürmen für den Kampf mit und gegen Feuerwaffen ausgebaute Burg. Dies wird noch deutlicher auf der 1593 entstandenen Darstellung, die Heinrich Schickhardt, der Hofbaumeister Herzog Friedrichs I., schuf. Bereits unter Herzog Ulrich hatten bald nach 1519 Planierungen und Ausbauten auf dem Hohentwiel stattgefunden. Östlich unterhalb der zum Schloss umgebauten Burg entstand im 16. Jahrhundert die Kaserne (sog. Klosterbau). Auch der Bering mit Kasematten und Geschütztürmen wurde unter Herzog Ulrich angelegt. Am Portal des Turmes Wilhelmswacht findet sich die Datierung 1526.

Unter Ulrichs Sohn, Herzog Christoph, wurde Hohentwiel weiter zur Festung ausgebaut; zudem veranlasste er den Bau des vierflügeligen Schlosses (Herzogsburg, 1552/1568). An zwei Stellen des Schlosses ist die Jahreszahl 1554 zu lesen. Um 1559 ließ Christoph den Vorhof (Kern der unteren Festung) ausbauen. Vermutlich während der Herrschaft Herzog Ludwigs (reg. 1568–1593) entstand das riesige Rondell Augusta, zu einer Zeit also, zu der anderenorts bereits die moderneren Bastionen gebaut wurden. Verwandtschaft zu Bastionärbefestigungen zeigt die wohl ebenfalls in der zweiten Hälfte des 16. Jahrhunderts entstandene Befestigung auf dem Schmidtenfelsen vor dem Tor zur oberen Festung. Die Festungsbewaffnung umfasste nach Inventaren von 1589/1616 47 schwere Geschütze, darunter 36- und 25pfünder (Karthaunen), 18- und 16pfünder (Notschlangen), 8- und 4pfünder (Feldschlangen) sowie leichtere Geschütze.

Während der Amtszeit des Kommandanten Löscher (1627–1634) erfolgte der Bau der Bastionärbefestigung um die obere Festung. Im Dreißigjährigen Krieg (1618–1648) kam es auch zum Bau mehrerer Mühlen in der oberen Festung, und Kommandant Widerhold ließ 1643/1645 in der oberen Festung, anstelle eines Mühlengebäudes, eine protestantische Kirche erbauen, deren Kirchturm als deutliches Herrschaftszeichen zu werten ist. Die Einrichtung und die Glocken ließ er aus Kirchen im feindlichen Umland – Hohentwiel war eine Enklave! – rauben.

Nach den Erfahrungen des Dreißigjährigen Krieges wurde der im Krieg stark beschädigte Vorhof, die untere Festung, neu befestigt. Dies geschah anscheinend seit den 1650er Jahren bis zu Beginn der 1680er Jahre. Im Vorfeld der Festung sollten drei eigenständige Forts entstehen, die jedoch – nach Protesten Österreichs – unvollendet Mitte der 1650er Jahre wieder abgebrochen werden mussten. Letzte bekannte Baumaßnahmen an der Festung wurden dann in den 1730er Jahren durchgeführt. Vor der unteren Festung entstanden um 1735 Kasematten, gedeckte Wege und ein neues Glacis. Im letzten Ausbauzustand umfasste die Festung deutlich mehr als 9 ha.

Schanzen im Stadtgebiet von Singen

Während der Belagerungen der Festung Hohentwiel 1641 und jeweils 1644 war jene vollständig cerniert, d. h. die Belagerer hatten einen weiträumigen Schanzenring um den Hohentwiel gelegt, um Ausbrüche zu ver-

hindern bzw. sich gegen einen möglichen Entsatz für die Belagerten zu sichern. Eine anschauliche Vorstellung von dieser Situation vermittelt der Kupferstich, die *Festung Hochentwiel, samt derselbigen an gestelten Bloquierung des Jahrs 1644 im Junio* von Matthäus Merian. Von den Schanzen – Merian zeigt auf seiner Darstellung 13 große und mittelgroße Erdschanzen – blieb wenig erhalten. Die Kirche St. Peter und Paul in Singen war von Bastionen und Wällen einer Viereckschanze, der *Schantz zu Singen*, umgeben. Im heutigen Stadtgebiet lagen die *Schantz bei der Dorner Müle* sowie die *Schantz in Singerraben*. Die anderen kleineren Schanzen sind auf dem Stich namentlich nicht benannt. Von keiner sind oberirdisch sichtbare Reste bekannt, doch findet sich noch der Flurname *Schanz* für das Nordende eines bis zu 460,3 m hohen Moränenrückens, der sich unmittelbar westlich neben der Kreuzung der Bundesstraßen 34 und 314 erhebt.

Aus Merian, 1644

Information

Festung Hohentwiel:
Tel. 07731-69178; Verkehrsamt Singen 07731-85473. Parkplatz an der Domäne. Im Informationszentrum findet sich ein großes Modell der Festung sowie eine Dokumentation zu deren Geschichte.

Besichtigung April bis September täglich 8.30-18.30 Uhr, Oktober 9-17 Uhr, November bis März 10-16 Uhr, letzter Einlass 1 Stunde vor der Schließung.

Die Zufahrt ist von Singen her ausgeschildert.

Die Domäne Hohentwiel (Dr. Hubertus Both & Hanne Pföst, Hohentwiel 6, 78224 Singen, Tel. 07731-181406, Fax -181407) bietet Schaf- und Ziegenfleisch aus naturnaher Landwirtschaft, Info-Veranstaltungen zu Naturschutz, Landschaftspflege, Schäferei; Produkte vom Schaf, Obstbrände, Hohentwieler Wein im Hofladen, eigene Besenwirtschaft.

Blick von der oberen auf die untere Festung

Schlösser und Adelssitze in KONSTANZ

Die Stadt Konstanz entstand an einem wichtigen Rheinübergang, den später ein römisches Kastell sicherte. Dessen bedeutende Reste auf dem Domberg werden seit 2003 archäologisch untersucht. Im 6./7. Jahrhundert konnte sich Konstanz als Bischofssitz etablieren. Dieser erlangte in der Zeit der Staufer den Status der Reichsunmittelbarkeit. Im 14. Jahrhundert gelang es dann dem Rat und dem Bürgermeister, die Selbstverwaltung durchzusetzen, und im 15. Jahrhundert erzielten die Zünfte – gegen die Patriziergeschlechter – eine paritätische Verteilung der Sitze im großen Rat und im kleinen Rat. Nachdem Konstanz seit dem 14. Jahrhundert der Hauptort des Bundes der Bodenseestädte war und damit großes politisches Gewicht hatte, verlor es diese Bedeutung im 15./16. Jahrhundert zunehmend.

Nach dem Schweizerkrieg (1499) kam es u.a. zum Verlust der landgerichtlichen Rechte im benachbarten Thurgau. Schließlich wurde der Bischofssitz aus der 1526 protestantisch gewordenen Stadt nach Meersburg verlegt. Trotz starker Sympathien für die Eidgenossen in Konstanz kam die Stadt 1548 infolge des Schmalkaldischen Krieges an die katholischen Habsburger. Damit war die Selbständigkeit endgültig verloren; Konstanz wurde zu einer vorderösterreichischen Provinzstadt. 1806 fiel die Stadt ans Großherzogtum Baden, und seit 1821, mit der Gründung des Erzbistums Freiburg im Breisgau, ist sie keine Bischofsstadt mehr.

Von der Stadtbefestigung blieben, weitgehend in spätere Gebäude einbezogen, größere Teile erhalten (Konradigasse; Untere und Obere Laube; (Bodanstr.) darunter der Rheintortum – ein großer Schalenturm mit Buckelquadern, an der bis 1860 bestehenden Brücke –, der Pulverturm an der Nordwestecke des Berings und der stark restaurierte Schnetztorturm mit Vortor. Die erstgenannten Türme zeigen verschiedene Feuerwaffenscharten, die z.T. durch die Umgestaltung älterer Schlitzscharten entstanden. Von der frühneuzeitlichen Bastionärbefestigung blieben keine sichtbaren Reste, doch ist ihr ungefähres Aussehen über zeitgenössische Abbildungen bekannt. Unter den Wohntürmen ist der spätmittelalterliche Wohnturm (Hohenhausgasse 3 a) bemerkenswert, der an der Rückfront des Patriziersitzes „Zum goldenen Löwen" steht. Er wurde um 1590 außen bemalt. 1938 erfolgte die Sanierung und Rekonstruktion der Außenbemalung. In der Barockzeit (17./18. Jh.) entstanden bedeutende Stadtpaläste (Dompropstei; Wessenberg-Palais).

„Des Linden Hof", Herrenhaus

Wohnturm „Zum goldenen Löwen"

Dompropstei (rechts) und Rheintorturm

Adelssitze und -höfe in der Stadt

Die einstige Domdekanei „(Des) Linden Hof" (Gerichtsgasse 15) nahe dem Münster wird 1290 zuerst urkundlich erwähnt. Der Name des Gebäudes (heute Landgericht) geht auf den damaligen Besitzer Ulrich Lind (1418–1479) zurück. Um 1481 diente es wohl zuerst als Domdekanei. 1973 erwarb es das Land Baden-Württemberg und ließ es 1974/1977 umbauen und sanieren. Dem Hauptgebäude ist ein von weiteren Bauten und Mauern umschlossener Hof vorgelegt.

Der „Blarer'sche Domherrenhof" (Gerichtsgasse 15) steht anstelle eines bischöflichen Sommersitzes. 1318 diente er zuerst als Wohnsitz eines Domherrn. 1612 ließ Domkapitular Johann Jakob Blarer von Wartensee den heutigen Bau beginnen, den er nach acht Jahren Bauzeit unvollendet bezog. Infolge der Säkularisation kam der Hof an Baden. 1846 erfolgten ein Teilabbruch sowie die Erweiterung zur Aufnahme des Hofgerichtes. Als Kreis- & Hofgericht, ab 1879 als Landgericht wurde das Gebäude dann genutzt. 1963–1965 kam es zu einem erneuten Umbau, bei dem im 2. Obergeschoss Stuckdecken aufgedeckt wurden. Noch immer dient das Gebäude als Gericht (nur Außenbesichtigung).

Die Dompropstei (Regierungsgebäude) steht nahe dem Rheintorturm und damit des einstigen Stadtzugangs über die im 13. Jahrhundert angelegte Rheinbrücke. Bischof Markus Sittikus von Hohenems, der spätere Erzbischof von Salzburg, ließ das Haus als Residenz der Dompröpste ausführen. Hierbei wurde Baumaterial des verfallenen Kleinspitals (1556?) wiederverwendet. Das heutige Erscheinungsbild geht auf den barocken Ausbau um 1750 zurück (Hauptportal, Festsaal, Ausmalung der Hauskapelle). Nachdem die Dompropstei nach der Säkularisation ans Grossherzogtum Baden gekommen war, beherbergte sie verschiedene Behörden (u.a. ab 1831 Badische Großherzogliche Seekreisdirektion; 1863 Landeskommissariat; Bezirkshauptinspektion).

Schloss Seeheim

Schloss Seeheim

Im Jahre 1908 berichtete der Burgenforscher Eduard Schuster:„ […] *nach Staad zu beim „Jakab", liegt am sog. Horn, unmittelbar am See, das sogenannte Scholzsche Schlößchen, das der frühere preußische Finanzminister Scholz vor etwa 20 Jahren zu einem schönen Landsitz umbauen ließ, den er ständig bewohnt. Der freundliche zweistöckige Bau mit Türmchen ist von Garten und prächtigem Park umgeben, und das Ganze stellt sich als eine schöne Anlage dar. Der Gesamteindruck wird leider durch die tiefe, nur wenig über dem Seespiegel sich erhebende Lage beeinträchtigt.* Im ersten Drittel des 13. Jahrhunderts kamen Teile des Eichhornwaldes (Lorettowald) vom Kloster Reichenau ans Kloster Petershausen; zu diesem Gelände gehörte der heutige Standort des Schlosses. Nahebei bestand im Spätmittelalter der Weiler Husen – später *Husen hinter Aichhorn* und im 19. Jahrhundert Hinterhausen genannt. 1672 kaufte die Deutschordenskommende Altshausen das Gelände. Mit der Säkularisation 1803 fiel es ans Großherzogtum Baden. Auf der Suche nach einem angemessenen Wohnsitz kam Ende 1815 Hortense de Beauharnais, die einstige Königin von Holland (Frau König Ludwig Bonapartes) und aus Frankreich ausgewiesene Stieftochter und Schwägerin Kaiser Napoleons I. nach Konstanz. Da ihre Cousine Stéphanie de Beauharnais die Gattin des Großherzogs von Baden war, wollte sie sich in der Region ansässig machen. Anlässlich eines Spaziergangs fiel ihr ein altes Rebhäuschen auf, das in ihrem Auftrag der Bankier Jacques Louis Macaire (Konstanz) 1816 für sie erwarb. Da Hortense verdächtigt wurde, mit Bonapartisten zu verkehren, wurde ihr bald danach der Verbleib in Baden verweigert. Daher kaufte sie 1817 Schloss Arenenberg/Salenstein. Nicht geklärt ist, ob Hortense je im Rebhaus wohnte, das sie erst 1834 verkaufte. 1834–1885 kam es zu vielen Besitzerwechseln. 1885 erwarb Adolf von Scholz (1833–1924), der unter Bismarck Finanzminister in Preußen war (1882–1890) das Anwesen, das ihm während einer Reise in

Blarerscher Domherrenhof

die Schweiz aufgefallen war. Ankäufe von Nachbargrundstücken erbrachten einen Gesamtbesitz von 3 ha. Erst unter diesem Besitzer soll der Name Seeheim aufgekommen sein. 1889/1890 ließ von Scholz das Haus zu einem historistischen Schloss umbauen; planender Architekt war Georg Peter Hermann Eggert (Straßburg). Im November 1890, nach der Pensionierung des Ministers, bezog die Familie von Scholz das Schloss, zu dessen Einweihung u. a. Fürst Bismarck und Graf Zeppelin anwesend waren. Adolf von Scholz starb am 20.3.1924. Er ruht, weit von seiner schlesischen Heimat, auf dem Familiengrabplatz des kleinen Friedhofes Allmannsdorf bei Konstanz, *inmitten der Berg- und Seelandschaft, die er für seinen Lebensabend frei gewählt hatte*; dies berichtet sein Sohn, Wilhelm von Scholz (in: Berlin und Bodensee – Erinnerungen einer Jugend. Leipzig 1934). Über seine aus einer schlesischen Familie stammende, in Berlin aufgewachsene Mutter schreibt er: *Meine Mutter selbst hat freilich seit mehr als drei Jahrzehnten ihre Vaterstadt nicht mehr gesehen. Ihr Wohnsitz auf unserem Landgut Seeheim in Konstanz hat sie […] des weiten Reisens entwöhnt und sich in ländliches Leben einspinnen lassen. […] Sie sieht dabei in die weite Bodenseelandschaft mit dem Ring der Alpen und den grünenden Ufern. Eine Verbindung mit ihrer schönen Berliner Zeit war […] die beiderseits gepflegte Beziehung zur Tochter des alten Kaisers, der verstorbenen Großherzogin Luise von Baden, die jeden Sommer auf dem nachbarlichen Schloß Mainau zubrachte* (ebd.). (Franz Johannes) Wilhelm von Scholz (1874–1969), der Sohn des Schlossbauherrn, folgte seinem

Vater als Besitzer. Er war in den 1920er/30er Jahren einer der erfolgreichsten deutschen Dramatiker. Das 1920 entstandene Stück ‚Der Wettlauf mit dem Schatten' erlebte Aufführungen in vielen Ländern. Zwei Jahre vor seinem Tod, 1967, erschien der Roman ‚Theodor Dorn'. In autobiographischen Schriften berichtet er vom Leben auf Seeheim. Der Dichter war mit Rainer Maria Rilke und Paul Ernst befreundet.

Nach dreijähriger Sanierung und Trockenlegung des Schlosses – da dieses zwischenzeitlich lange leer stand war es zu Feuchtigkeitsschäden gekommen – konnte am 1.9.1996 die „Akademie Schloß Seeheim" eröffnet werden. 2003 stand das Schloss zum Verkauf.

Information

Kastell:
wird derzeit ausgegraben.

Linden Hof:
Gerichtsgasse 15. Nur Außenbesichtigung (Landgericht).

Blarerscher Domherrenhof:
Gerichtsgasse 15. Hof ist zugänglich.

Dompropstei am Rheintorturm:
Nur Außenbesichtigung.

Schloss Seeheim, Stadtteil Petershausen, Rheinuferweg:
Derzeit keine Besichtigung.

Burgen und Schlösser in und um KREUZLINGEN

V*iele Häuser in Kreuzlingen haben ein herrschaftliches Aussehen* schrieb Fritz Hauswirth 1964 in seinem Buch ‚Burgen und Schlösser im Thurgau'. In der Gemarkung der 1921 durch den Zusammenschluss mehrerer Orte entstandenen Stadt Kreuzlingen findet sich tatsächlich eine große Zahl von Schlössern und Adelssitzen, insbesondere am Hang des Thurgauer Seerückens, von denen hier nur einige in aller Kürze vorgestellt werden können.

Seeburg, Ansicht vom Seeufer

Seeburg, Herrenhaus; rechts die Kornschütte

Schloss Seeburg/Neuhorn

Die Seeburg inmitten des Seeuferparks ist das bekannteste der Kreuzlinger Schlösser. Als Freisitz entstand wohl um 1598 das einst Neuhorn genannte Schloss anstelle eines älteren Gutes. Im 17. Jahrhundert wurde es Sommersitz der Äbte des Augustinerklosters Kreuzlingen. 1633, im 30jährigen Krieg, wurde es niedergebrannt, 1664 ließ Abt Augustin I.

Gimmi das Schloss neu aufbauen; damals entstanden offenbar die Flankierungstürme der landseitigen Ringmauerteilstücke. Bis hierher erstreckte sich zu jener Zeit das erst im 19. Jahrhundert vergrößerte Herrenhaus über einem annährend quadratischen Grundriss. 1833 pachtete der Kanton das Schloss und richtete hier das erste thurgauische Lehrerseminar ein. Ein um 1842 für die Zwecke des Seminars geplanter Erweiterungsbau kam nicht zustande. Nach der Aufhebung des Klo-

sters 1848 fiel das Schlossgut an den Kanton. Graf Kuno von Rantzau-Breitenburg erwarb 1852 das Schloss Neuhorn, dem er den Namen ‚Seeburg' gab. Bald danach, 1857, kaufte der in Augsburg geborene Großkaufmann Gottfried Ferdinand Ammann (1818–1894) aus London den Besitz, den er in den folgenden Jahren durch Zukäufe angrenzender Grundstücke erweiterte.

Für Ammann wurde die Seeburg 1879/1880 historistisch mit Stilelementen von Gotik, Renaissance und Barock umgebaut und um zwei Achsen landseitig erweitert. Die Architekten waren Ernst Jung (Winterthur; vermutlich der Planer) und Wilhelm Martin-Imhof (Kreuzlingen; wohl Bauleiter). 1894 übernahm Ammanns Sohn August Julius Ferdinand Ammann den Schlossbesitz. Er ließ die Seeburg modernisieren und den Schlosspark in der jetzigen Form anlegen. 1906 verkaufte er das Anwesen seinem Schwager, dem Großkaufmann Georg Gottfried Volkart in Winterthur.

Der Besitz umfasste, so der Kaufvertrag, neben dem Schloss Pavillon, Maschinen- und Waschhaus, Scheune, Stall, Hühnerhaus, *Hörnli-Keller* (ein Keller- und Schüttgebäude) mit Wohnhaus, 2186 Are Land, den Hafen sowie Eigentums- und Nutzungsrechte am Seeufer.

Drei Töchter Volkarts übernahmen nach des-

Information

Seeburg:
Restaurant Schloss Seeburg,
Seeweg 5, CH-8280 Kreuzlingen,
Tel. 0041-(0)71-6884775,
Fax -6884763. Parkplatz beim See-
museum.
Das Schloss liegt etwas oberhalb des
Sees im Seeuferpark (von der Stadt
her ausgeschildert). Der Park und die
Außenanlagen sind frei zugänglich.

Drachen an Herrenhaustür, 19. Jahrhundert

Schloss Brunegg, Wohnturm, Darstellung aus der Frühen Neuzeit

sen Tod 1928 das Schlossgut, welches 1954/1958 die Stadt Kreuzlingen erwarb. 1960 erfolgte eine Aufschüttung unterhalb des Schlosses im Zusammenhang mit der Anlage des Seeuferparks. Eine umfassende Schlossrestaurierung nebst Einbau eines Aufzuges und neuer Installationen erfolgte 1982/1983 durch Ernst Oberhänsli. Heute beherbergt die Seeburg ein stimmungsvolles Restaurant.

Das historisch veränderte Herrenhaus präsentiert sich als dreigeschossiger Zinnengiebelbau mit über Eck gestellten Ecktürmen und einem Rustika-Sockelgeschoss. Den landseitigen Eingang betont ein von zwei Säulen gestützter Erker. Den Zugang zum Schlosshof vermittelt ein rustiziertes Spitzbogentor mit Zinnengiebel und Glockenträger. Die Westseite des Hofes nimmt ein zweigeschossiger Gang mit Arkaden-Untergeschoss ein.

Zur Ausstattung des Herrenhauses gehören mehrere, teils aus anderen Gebäuden stammende Steckborner Öfen von Daniel IV. Meyer, 1715, von Daniel IV. oder V. Meyer, 1738 (aus Kloster Feldbach?), und aus der Meyer-Werkstatt, Mitte 18. Jahrhundert (aus dem Haus Rosgartenstr. Nr. 8).

Bemerkenswert sind außerdem die vielen Wappensteine verschiedener Kreuzlinger Äbte am und im Schloss aus dem 17. und 18. Jahrhundert sowie die 1936 von Friedel Grieder geschaffene Bronzeplastik im Park.

Östlich des Schlosses, am früheren Getreidehafen, steht die ehem. klösterliche Kornschütte, ein Stufengiebelhaus (16./17. Jahrhundert), welches heute das Seemuseum beherbergt.

Die „Gyrsberge": Schloss Brunegg – Schloss Girsberg – Schloss Ebersberg

In der einstigen Herrschaft Emmishofen bestanden mehrere Edelsitze, die den Namen Girsberg bzw. Gyrsberg trugen. Zu ihnen gehören die Schlösser Brunegg, Ebersberg und Girsberg. Ob ein Zusammenhang mit dem Schlossbüel oberhalb von Ebersberg bestand, bleibt vorerst ungeklärt. Schloss Brunegg gilt als ältester dieser Edelsitze. Erst seit 1874 ist der Name Brunegg geläufig, zuvor wurde das Schloss Unter- oder Alt-Girsberg genannt. Die älteste urkundliche Nennung stammt aus dem Jahre 1363, als der Sitz, damals angeblich eine Burg, an die Familie Blarer kam. Die aus St. Gallen stammende Kaufmannsfamilie (tätig u. a. im Leinwandhandel) ließ sich im 13. Jahrhundert in Konstanz nieder. Wohlstand und Ansehen erbrachten ihr politischen Einfluss; sie stellte Domherren, Ratsherren und Bürgermeister (s. Lengwil: Liebburg). 1565 veräußerte Thomas Blarer Alt-Girsberg an Sebastian Herbstheim. Fast 60 Jahre stand das Schloss unbewohnt, bis es Jost von Falkenstein (Luzern) 1679 für 20 000 Gulden an die Prämonstratenser-Reichsabtei Obermarchtal an der Donau verkaufte, die es als Erholungsort der geistlichen Herren nutzte (Hauswirth 1964). Ein Hofmeister und einige Bedienstete lebten jedoch ständig auf Alt-Girsberg. Das Kloster ließ das Hauptgebäude abbrechen und an seiner Stelle einen zweistöckigen Bau mit Kapelle errichten. Über dem Erdgeschoss-Portal des barocken Haupthauses findet sich die Inschrift: *HORAS NON NUMERO NISI SERENAS.*

Schloss Brunegg (= Unter- oder Alt-Girsberg)

Im Zuge der Säkularisation erfolgte die Aufhebung des Klosters. Alt-Girsberg gelangte als Entschädigung für seine Verluste bei der Reichspost (ebd.) zusammen mit anderem Besitz an den Fürsten von Thurn und Taxis. 1874 wurde der Psychiater Ludwig Binswanger neuer Besitzer des Schlosses, für das er 36 000 Franken bezahlte. Er gab ihm den Namen Brunegg nach einer nahebei vorhandenen Quelle. Der Architekt Otto Tafel (Stuttgart) lieferte die Pläne zum historisierenden Umbau in schlichten Neo-Gotik- und -Renaissance-Formen: Am Herrenhaus entstanden der Turm, die talseitige Terrasse und der Anbau. Die um 1898 vergrabene Glocke der Kapelle wurde später wieder geborgen und genutzt. Die letzte Sanierung und den Ausbau zum Gasthaus (ab 1996) plante Zeljko Berger.

Schloss Girsberg

Schloss Girsberg (ehem. Ober-Girsberg) liegt am Hang 250 m südwestlich des Schlosses Brunegg. Das zuerst 1473 genannte Gut erhielt 1582 den Status eines Freisitzes, mit dem die niedere Gerichtsbarkeit verbunden war. 1679 gelangte Girsberg an die schwäbische Benediktinerabtei Zwiefalten (Kreis Reutlingen), die aus dem Sitz eine Statthalterei machte. Zu einer durchgreifenden Umgestaltung der gesamten Schlossanlage kam es 1790 unter Fürstabt Gregor von Zwiefalten. Er ließ sie nach französischer Mode (*entre Cour et Jardin*) umgestalten und das Herrenhaus anstelle eines wohnturmartigen Gebäudes erbauen. Nachdem die Abtei 1803 säkularisiert worden war, kam Girsberg an Herzog Friedrich II. von Württemberg, der das Gut an die Hugenottenfamilie Macaire de l'Or veräußerte, die im ehemaligen Dominikanerkloster in Konstanz eine Kattunfabrik betrieb und das Bankhaus Macaire besaß. Letzteres verwaltete das Vermögen der ehemaligen Königin von Holland, Hortense (s. Arenenberg). Hortense machte den Grafen Friedrich von Zeppelin mit Amelie Macaire bekannt, die er bald darauf ehelichte. Als Weihnachtsgeschenk kam Schloss Girsberg 1840 an das Ehepaar, dessen drittes Kind, Ferdinand, kurz zuvor geboren war. Graf Ferdinand von Zeppelin, der Erfinder des „starren Luftschiffes", wuchs auf Girsberg auf. 1869/1870 übernahm er das Anwesen von seinem Vater. Längere Zeit nutzte er das Schloss als Sommerresidenz, doch war er seit 1890 mit seiner Familie hier ansässig und arbeitete auf Girsberg bis 1900 weiter an der Luftschiffentwicklung. 1917 erbte die Tochter des Grafen, Hella von Brandenstein-Zeppelin, das Anwesen, das nach dem Zweiten Weltkrieg als „deutsches Eigentum im Ausland" beschlagnahmt und liquidiert werden sollte. Der

Schloss Girsberg, Hofansicht des Herrenhauses

Enkelin des Grafen Zeppelin, Alexa Baronin von Koenig-Warthausen, gelang es jedoch, Girsberg zu retten. Sie übernahm das Gut 1964 und lebte hier bis 1997. Bereits seit 1982 gehört das Gut der Familie Schmid-Andrist, die ihren Sitz im Schloss hat. 2001 heiratete die Tochter des Hauses, Jolanda Antoinette Maria, den Baron Georg Sylvius von und zu Massenbach, einen entfernten Verwandten der Zeppelins, und damit hat sich der Kreis wieder geschlossen.

Das Hauptgebäude der Schlossanlage ist das schlichte klassizistische Herrenhaus, dessen Dachfirst ein Dachreiter mit Zwiebelhaube krönt. Die Terrassenanbauten an den Schmalseiten des Hauses entstanden erst im 19. Jahrhundert zur Zeit der Familie von Zeppelin. Noch heute vermittelt das Schloss mit dem Herrenhaus und den isoliert von diesem stehenden langen, unregelmäßigen Flügelbauten (u. a. Pächterhaus, Remise, Wasch- und Kutscherhaus) den Charakter einer spätbarocken/frühklassizistischen Dreiflügelanlage.

Die Kapelle St. Gebhart, die bereits zur Zeit der Übernahme durch die Abtei Zwiefalten bestand, wurde 1840 oder bald danach abgebrochen. Ihre Glocke, die der bekannte Glockengießer Rosenlächner (Konstanz) im 18. Jahrhundert schuf, hängt seither im Dachreiter des Herrenhauses.

Bemerkenswert ist der große Gingkobaum im Schlosspark; er gehört zu den ältesten im Bodenseegebiet.

Nach Renovierungen (1953, 1985) wird das Schloss für kulturelle Veranstaltungen genutzt (seit 1993 Freilichttheater; „Kulturscheune"). Die Wohnräume des Pächterhauses beherbergen das Puppenmuseum (Patronat: Heidi Baronin von Koenig-Warthausen) mit mehr als 500 Puppen aus verschiedenen Entstehungszeiten und Ländern. Erwähnenswert ist das Zeppelin-Zimmer mit Originalmöbeln aus dem Arbeitszimmer des Grafen Zeppelin.

Schloss Ebersberg

Das Schloss hieß einst Obergirsberg und im 17./18. Jahrhundert Kunzenhof.

Wenn auch das Herrenhaus in den 1950er Jahren eine unpassende modernisierende Umgestaltung erfuhr, bietet der Schlosskomplex insgesamt doch noch immer ein recht malerisches Erscheinungsbild, vor allem geprägt durch das 1798 datierte Pächterhaus und die Trotte. Ein Brand 1848 hatte einen Umbau des Hauptgebäudes in spätbiedermeierlichen Formen zur Folge.

Burgstall Schlossbüel

Im Waldgelände etwa 500 m südlich von
Schloss Ebersberg liegt der Schlossbüel mit
den Resten einer mittelalterlichen Burg. Den
Kern der Anlage bildet der ovale Burghügel
(ca. 20:23 m), der durch Wegebau und Erdab-
tragung teilweise zerstört wurde. Mauerreste
sind nicht erkennbar, doch ist nicht geklärt, ob
es sich um eine steinerne Burg oder um eine
Holz-Erde-Befestigung handelte. Der (teils
wohl künstlich aufgeschüttete) Burghügel ist
gegen das anschließende Hochplateau durch
einen doppelten Graben mit mittigem Wall ge-
sichert. Nahe der Burgstelle sind Reste mehrerer Hohlwege erkennbar.

Schloss Ebersberg, links das Herrenhaus

Schlossbüel, Burghügel

Schlossbüel, Burghügel

Sallmannsches Haus, Gartenseite

Schlösser im Stadtgebiet Kreuzlingen

Schloss Bernegg (Bereneggstr. 6; privat, keine Besichtigung; von der Straße her Einblick in den Schlosshof). Seit 1623 bestand Berneg als Freisitz. 1702 kam es an die Familie von Merhart. Das Schloss setzt sich aus dem Häldeli genannten Altbau und dem 1795 daran angebauten viergeschossigen neuen Bau

zusammen. Dessen quadratischer, über Eck gestellter Dachreiter (vgl. Sallmannsches Haus) entstand um die Mitte des 19. Jahrhunderts als Belvedere. Zuletzt wurde das Schloss 1970 renoviert.

Felsenburg (Gaussbergstr. 34; privat, keine Besichtigung). Nach 1754 veranlassten die *Gottes Augustiner in Constanz* den Neubau der Felsenburg. Das massige Gebäude mit dem markanten Walmdach wurde 1847 und 1933 renoviert bzw. teils umgestaltet.

Felsenschlössli (Wasenstr. 4; keine Besichtigung). Am östlichen Rand des Stiftsbezirkes steht das heute als Schule dienende Herrenhaus des bald nach 1567 für Heinrich Hagen aus Frauenfeld erbauten Schlosses, das bis 1711 im Besitz der Familie Fels war und später dem Stift gehörte. Das 1895 zur Schule umgebaute Haus trägt Treppengiebel.

Schloss Granegg, es lag unterhalb von Ebersberg, brannte 1891 ab; sichtbare Reste sind nicht erhalten. Historische Ansichten überliefern das Aussehen dieses Schlosses.

Schloss Irsee (Irseeweg 6; Privatbesitz, keine Besichtigung, von außen gut zu überblicken) wurde 1683 für das Benediktiner-Reichskloster Irsee bei Kaufbeuren neu gebaut. Aus jener Zeit blieb ein Wappenstein erhalten. 1943/44 erfolgte ein Umbau, 1981 eine Restaurierung.

Schloss Berneg

Felsenschlössli

Schloss Irsee, Herrenhaus

Römerburg, Herrenhaus, Ansicht vom Tal

Römerburg, Eckerker am Herrenhaus

Römerburg (Remisbergstr. 31; privat, keine Besichtigung; das Herrenhaus ist von drei Seiten zu überblicken). Die einst dominante Lage des Schlosses auf einer Hangterrasse und vermutlich an einer alten Fernstraße (Hohlweg) ist durch die spätere Bebauung rundum verloren. Auch der alte Name ging verlustig: Einst hieß das Schloss Remsberg, später Remens-/Remisberg. Nachdem jedoch in den 1870er Jahren nahebei Mauerwerk entdeckt wurde, das man seinerzeit für spätrömisch hielt, kam der Name Römerburg auf. 1851 berichtet Prof. Josua Ei-

selein (Konstanz) in seiner Geschichte der Stadt Konstanz: *Von Glasmaler Konrad Spengler in Konstanz befand sich auf dem Remsperg für Doctor Hans Kaspar Morell das Wappen mit drei Mohrenköpfen im gelben Felde im Jahre 1552 und Pygmalion mit einer weiblichen Statue nach Ovidius.* Remsberg soll aber schon vor 1552 bestanden haben; Hauswirth (1964) spricht davon, dass das Schloss auf alten Grundmauern steht. Hans Osenrot ließ das Gebäude Ende des 16. Jahrhunderts umbauen; eine Fenstersäule trägt die Datierung 1596. 1645 erwarb Heinrich Walz Remsberg mit Baumgarten und Ackerland für 4600 Gulden. Die Familie Walz stellte das Schloss vorübergehend der evangelischen Schule der Gemeinden Bottighofen, Egelshofen, Rickenbach und Scherzingen zur Verfügung. Der Fiskal Johann Leiner, Chorherr im Stift St. Johann zu Konstanz, kaufte 1695 Remsberg. 1737 erbte Anna Maria Leiner, seine Schwester, das Schloss, für dessen Übernahme sie der Gemeinde 90 Gulden zahlen musste. Um 1750 wurde das Schloss erneut umgebaut. Im 19. Jahrhundert folgten mehrere Umnutzungen des einstigen Herrensitzes: Hieronymus Girtanner richtete die Gastwirtschaft „Bellevue" ein; später gab es den Namen „Hotel/Pension Römerburg". In den 1840er Jahren beherbergte das Schloss die Emigranten-„Buchdruckerei Bellevue". 1943 wurde Emil Rutishauser neuer Schlossbesitzer. Er ließ das Anwesen renovieren und beherbergte hier seine Kunstsammlung.

Zwar ging die Fernwirkung verloren, doch „beherrscht" das dreigeschossige Herrenhaus mit seinen im 2. Obergeschoss auf Konsolen vorkragenden runden Erkertürmchen und dem markanten Staffelgiebel noch immer sein Um-

feld. Eine Abbildung auf dem „Kilianschen Plan" von 1680 zeigt es bereits in dieser Form. Zur Ausstattung gehört ein Winterthurer Ofen, den vermutlich Hans Heinrich I. Pfau schuf (Stäheli 2003).

Sallmannsches Haus (Hauptstr. 74; im Haus befinden sich Büros und Wohnungen, doch sind der Park und der Hof zugänglich).

Weithin das Straßenbild prägend, erhebt sich das 1815/1816 für Johann Ulrich Bächler erbaute dreistöckige Palais an der heutigen Hauptstraße. Der in der Silhouette noch „barocke" Bau mit seinem hohen Mansardwalmdach zeigt im Detail klassizistische bzw. Louis-XVI-Formen. Das Dach krönt ein über Eck gestellter vierseitiger Dachreiter (vgl. Bernegg). Von der bemerkenswerten Innenausstattung sind umfängliche Teile erhalten. An das Palais schließt rückseitig ein 1748 entstandener Fachwerkbau an.

Der gesamte Baukomplex wurde 1975–1979 restauriert. 2002 folgte eine Außenrestaurierung. Nordöstlich des Palais erstreckt sich der einst dazugehörige Park „Dreispitz". Die Brunnenfiguren aus Bronze schufen Henri König 1933 und Friedel Grieder 1935. Das klassizistische Gartenportal ist ein Werk von Lukas Ahorn.

Sallmannsches Haus, Hauptfassade des Herrenhauses

Burgen und Schlösser um LENGWIL

Gut 2 km südwestlich von Bottighofen am Bodenseeufer erstreckt sich auf einer Hochebene das Dorf Lengwil. Zwischen Lengwil und Bottighofen schiebt sich der bewaldete Höhenzug Hau, den westlich der steilwandige Tobel begrenzt.

Auf dem *Refug* genannten Sporn oberhalb des Tobels finden sich spärliche Wall- und Grabenreste der möglicherweise (früh-)mittelalterlichen Liebburg, die u. a. als Refugium, d. h. als Fliehburg, gedeutet wurde. Zahlreiche Hohlwege nahebei verweisen auf alte Verkehrswege, die hier über die Höhe verliefen. Über die Entstehung der Wehranlage und ihre ursprüngliche Funktion ist bislang nichts bekannt, doch gehörte sie im Spätmittelalter offenbar den Bischöfen von Konstanz. 1426 soll der Konstanzer Patrizier Johannes von Schwarzach die Burg besessen haben. 50 Jahre später nahm Bürgermeister Ulrich Blarer, ge-

nannt „der Reiche", von Konstanz die mit der Burg verbundenen Rechte vom Bischof zu Lehen. Später war der Junker Andreas Reichlin von Meldegg der Besitzer. Seine Tochter brachte den Besitz in die Ehe mit Max von Ulm ein. Gegen Mitte des 18. Jahrhunderts kam die Liebburg an das Domstift zu Konstanz. Etwa zu jener Zeit soll ein Erdbeben sie zerstört haben.

Bemerkenswert ist die Tatsache, dass die Liebburg nach 1935 in die Sperrstelle Bottighofen der Schweizer Grenzbefestigung einbezogen wurde: Auf dem Plateau steht ein Artilleriewerk. Weitere Befestigungen jener Zeit finden sich im Tobel sowie am seeseitigen Hang des Hau. Der unterhalb verlaufende Stichbach wurde gar noch 1989/1991 in Teilen als Tankgraben (= Panzersperre) ausgebaut.

Knapp 250 m südöstlich der Burg erhebt sich auf der landwirtschaftlich genutzten Hochebe-

ne das Schloss Liebburg, das in der 2. Hälfte des 18. Jahrhunderts entstanden sein soll, nachdem das erwähnte Erdbeben die Liebburg beschädigt hatte. Für den Schlossbau wurden 11 098 Gulden aus dem Konstanzer Kapellfonds aufgewandt. Durch die Säkularisation 1803 kam das Schloss, das auch als bischöflicher Sommersitz gedient hatte, in Privatbesitz. In den 1960er Jahren bestand hier eine Zweigstelle der Dolmetscherschule Zürich.

Das barocke Herrenhaus (5.3 Achsen) präsentiert sich nach dem historisierenden Umbau von 1899 als dreigeschossiger, zinnengekrönter Bau. Stufengiebel sitzen jeweils über der Mittelachse der Längsseiten. Das hinter den Zinnen aufsitzende Walmdach krönt ein viereckiger Dachreiter. Ihm ging ein Belvedere mit aufgesetztem Dachtürmchen voraus; letzteres trug eine geschweifte Haube und eine Uhr.

Liebburg, Artilleriewerk auf dem Burgstall

Schloss Liebburg, Gartenfassade des Herrenhauses

Information

Schloss Liebburg:
Landstraße von Bottighofen nach Lengwil (Parkplatz); zu Fuß etwa 250 m zurück an der Landstraße, dem rechts abzweigenden Feldweg folgen, 1. Gabelung links, 2. und 3. rechts bis zum Schloss (insgesamt 600 m).

Privatbesitz, keine Besichtigung, doch über den Gartenzaun hinweg und vom Wirtschaftshof gut einzusehen.

Burg:
Vom Schloss zur Liebburg (frei zugänglich) zurück, an der 1. Gabelung rechts abbiegen, nach 100 m links liegt die frei zugängliche Burg.

Schlössli Bottighofen, Herrenhaus, Strassenseite

Das Schlössli in Bottighofen

Folgt man den alten Hohlwegen von der Liebburg hinab zum See, so gelangt man nach Bottighofen. Hier steht, unmittelbar am heutigen Hafen, das in seiner Wirkung durch zwei nahebei errichtete Hochhäuser stark beeinträchtigte Schlössli.

Das dreigeschossige Herrenhaus soll 1677 entstanden sein; es wurde weitgehend modernisiert und ist teils von modernen Bauten umgeben.

Nahebei liegt die 1254 zuerst bezeugte Untere Mühle, genannt „unter Müli".

Information

Schlössli Bottighofen:
Von Kreuzlingen kommend links in Richtung „Unter Müli" abzweigen. Keine Besichtigung, doch von außen gut zu überblicken. In einem Nebengebäude Gastronomie:

Restaurant Schlössli, Seestraße, Tel. 0041-(0)71-68890-92
wirtschaftamschlössli@bluewin.de

Burg Liebenfels und Burstel bei LANZENNEUNFORN

Auf einem Bergsporn am Rande des Thurgauer Seerückens gelegen, sicherte die Burg offenbar einst eine wichtige Fernstraße vom Untersee zum Thurtal (Mammern-Pfyn). Liebenfels entstand wohl Mitte des 13. Jahrhunderts als Stammburg eines bischöflich-konstanzischen Dienstmannengeschlechtes, das mit Hermann I. von Liebenfels 1254 zuerst urkundlich in Erscheinung tritt. Ein Angehöriger der Familie, Konrad von Liebenfels, war 1296–1313 Abt des Klosters Allerheiligen in Schaffhausen. Nachdem in der 2. Hälfte des 14. Jahrhunderts die Verschuldung der Familie eingesetzt hatte, wird 1380 der letzte bekannte Familienangehörige Rudolf in einer Urkunde erwähnt. 1390 kam die Burg an Hermann Grämlich (Konstanz), einen der Gläubiger der Liebenfelser. Ihm folgte Heinrich von Tettighofen (Konstanz), den der Bischof 1395 mit Burg und Herrschaft Liebenfels belehnte. Durch die Heirat mit Heinrichs Enkelin Anna fiel Liebenfels an Hans Lanz aus Konstanz, der von Kaiser Friedrich in den Adelsstand erhoben wurde und nun Lanz von Liebenfels hieß. Hans Lanz (†1499/1500) war Hofmeister, Minister und Diplomat dreier Konstanzer Bischöfe. Seine Rolle beim Streit um die Besetzung des Konstanzer Bischofsstuhls nach dem Tod Bischof Heinrichs von Breitenlandenberg (†1474) führte 1475/1476 zu einer vorübergehenden Besetzung der Burg.

Ein Angriff auf die Burg erfolgte 1529, nachdem Jakob von Liebenfels eine Tochter von Lanzenneunforn hierher gebracht hatte und diese trotz der Aufforderung des Vaters, zurückzukehren, blieb. Als der Vater mit Gefolge vor der Burg erschien, erschoss ihn Jakob. Es erging der Landsturm. Jakobs Vater Heinrich verhinderte Schlimmeres durch Bußzahlungen; Zürich hatte vermittelt.

Jakobs Sohn Hans Heinrich verkaufte Liebenfels in den 1570er Jahren an den schwäbischen Adeligen Hans Christoph von Gemmingen. Dessen Familie verkaufte Liebenfels 1654 an das Luzerner Kloster St. Urban. Die Trotte und Lagerbauten zeigen den Wappenstein des Abtes Robert Balthasar (1726–1751) von Kloster St. Urban.

Burstel, Blick über den Halsgraben auf den Wall

Burg Liebenfels, Lagebild, Blick auf den Hauptturm

Burg Liebenfels, Giebel des Wohnbaues, Hofseite

Nach der Aufhebung des Klosters 1848 erwarb Prof. August A. L. Follen (Gießen) die Burg, die er zwar 1850 an Kaspar Bebie verkaufte, aber noch bis 1853 bewohnte. Unter dem neuen Besitzer erfolgte eine Umgestaltung der Burg, die bereits vor 1840 umgebaut worden war: Der Wohnbau wurde verändert, der Halsgraben verfüllt, das Vorwerk abgebrochen. Eine Restaurierung erfolgte 1922–1924 durch Günter Dittmann. Ein Blitzschlag führte dann 1933 zu einem Brand, dem eine notdürftige Wiederherstellung folgte. Erst seit 1993 wurde Burg Liebenfels, nachdem sie längere Zeit verlassen gestanden hatte, saniert und wieder wohnlich hergerichtet.

Bemerkenswert ist der annähernd quadratische Hauptturm, der in der 2. Hälfte des 13. Jahrhunderts entstanden sein könnte. Sein im Erdgeschoss 2,5 m starkes Wackenmauerwerk weist Formate von bis zu 1,5 m Länge und 1 m Höhe auf. Das Turm-Obergeschoss mit Stufengiebeln entstand Anfang des 16. Jahrhunderts anstelle eines Fachwerkgeschosses. Im Bergfried befindet sich ein spätgotischer Kamin (1. Drittel 16. Jahrhundert) mit reliefierten Wappen von Liebenfels und Muntprat.

Das Aussehen der Wohnbauten geht auf Umbauten des 15./16. Jahrhunderts – 1488, 1513, 1533, ab/nach 1585 – zurück, das vordere Schloss mit dem Treppengiebel wurde vermutlich Ende des 15. Jahrhunderts erbaut. In jener Zeit entstand anscheinend auch das mehrgeschossige Kellersystem, über dessen Funktion noch immer gerätselt wird.

Burg Liebenfels (rechts) mit Trotten- und Lagergebäuden des 18. Jahrhunderts

Burstel, Plateau der Burgstelle

Burstel

Nahe der Burg Liebenfels, auf einem bewaldeten Bergsporn westlich des Tales, finden sich Reste einer Spornbefestigung. Der Name Burstel – eine Verballhornung des Wortes Burgstall – deutet auf eine abgegangene mittelalterliche Burg. Burgstall bzw. Burstel (u. a. Seelfingen) werden in spätmittelalterlichen und frühneuzeitlichen Schriftquellen ehemalige Burgstandorte bezeichnet, die oft nach dem Verfall der Bauten noch von Interesse waren, da Einkünfte, Rechte und Privilegien daran gebunden blieben (z. B. Burgstall Gebsenstein bei Hilzingen/Hegau, 1683 im Kontext von Jagdrechten genannt). Oft ist der Name Burgstall der letzte Hinweis auf eine abgegangene Burg, doch blieben vom Burstel bei Liebenfels ansehnliche Reste des Halsgrabens und des Walles erhalten.

Burg Liebenfels, Westseite, Umzeichnung nach einer Ofenkachel

Schloss und Festung MAINAU

Die „Blumeninsel" Mainau im Überlinger See war seit dem 9. Jahrhundert im Besitz des Klosters Reichenau. 1271 kam sie mit Besitzungen auf der Halbinsel Bodanrück an den Deutschen Orden. Auf der Insel entstand eine Burg als Sitz einer Ordenskommende. Als Kommende (von lat. *commendare* = anvertrauen) wird eine Niederlassung eines Ritterordens bezeichnet, die unter der Leitung eines Komturs (= Verwalters) stand. Mehrere Komtureien bildeten eine Ordens-Provinz. Die Kommende Mainau unterstand der Deutschordensballei Elsaß-Burgund. Die 1242 zuerst urkundlich als *Maginowe* erwähnte Insel, ein Reichenauer Lehen, kam 1271 als Schenkung Arnolds v. Langenstein an den Orden. Es wurde vermutet, Arnold sei ein Erbe der für das 13. Jahrhundert nachgewiesenen Herren von Mainau gewesen. Das Kloster Reichenau war gegen diese Schenkung, doch konnte sich der Orden durchsetzen: Bereits 1272 bestand ein Ordenshaus auf der Mainau, auf die das Kloster schließlich verzichtete.

Im Reichsdeputationshauptschluss 1803 war Mainau explizit von der Säkularisation ausgenommen worden, 1805 sprach der zwischen Baden und Frankreich abgeschlossene Staatsvertrag die Insel Baden zu. Dem letzten Mainauer Komtur wurden eine Pension und lebenslanges Wohnrecht zugesichert, doch wurde in der Kommende bereits eine badische Domänenverwaltung eingerichtet, die nach dem Tode des Komturs 1819 nach Konstanz verlagert wurde. Die Insel kam 1827 an Graf Nikolaus von Esterhazy, der sich nun von Mainau nannte. Er verkaufte den Besitz 1839 an die Gräfin Katharina von Langenstein. Gräfin Louise Douglas erbte die Mainau 1850 von ihrer Mutter. Sie veräußerte die Insel 1853 an Großherzog Friedrich I. von Baden, der das Schloss als Sommerresidenz nutzte. Luise von Baden, die großherzogliche Witwe, vererbte Mainau 1924 ihrer Tochter, Königin Viktoria von Schweden, die ihrerseits die Insel an ihren jüngeren Sohn vergab. Der heutige Besitzer, Graf Lennart Bernadotte, ist ein Urenkel des Großherzogs Friedrich I. von Baden. Die Insel Mainau ist heute Bestandteil der Lennart-Bernadotte-Stiftung, welche die Förderung der Wissenschaften auf internationaler Ebene und die Förderung von Heimat-, Landschafts- und Denkmalschutz als Ziele hat.

Die Kommende auf der Mainau wurde zu einer Burg ausgebaut, die ab 1739 die barocken Schlossbauten ersetzten. Teile der spätmittelalterlichen Burgbefestigung sind jedoch erhalten, darunter der feuerwaffentaugliche starke Gärtnerturm, dessen Obergeschoss erst gegen Ende des 19. Jahrhunderts den früheren Abschluss ersetzte. Unklar ist, ob der *Comturey-Turm* – seeseitig am Hang unterhalb des Schlosses – wirklich als Wohnturm des 13. Jahrhunderts zu deuten ist (s. Schmitt I 1998). Hier könnten Bauforschung und Archäologie neue Erkenntnisse vermitteln.

Schloss Mainau, Ehrenhof

Man betritt den Schlossbering durch das vor 1600 erbaute, bis 1764 und im 19. Jahrhundert umgebaute Torgebäude. Der Graben davor wurde verfüllt. Kaum etwas blieb von den in der 1. Hälfte des 17. Jahrhunderts entstandenen „bastionären" Befestigungen, die aus der gesamten Insel eine Festung machten. Diese 1647 von Schweden eroberte Festung zeigt Merian in einem Kupferstich während des Angriffes, bei dem 17 Schiffe zum Einsatz kamen. Im Bering der Festung stand eine eigenständige Schanze. Der barocke Schlossbau mit der Dreiflügelanlage entstand ab 1739 unter der Leitung des Architekten Giovanni Gaspare (Johann Kaspar) Bagnato. Das dreistöckige Hauptgebäude des Schlosses rahmt mit seinen drei Flügeln einen Ehrenhof. Das Äußere gliedern Eckquader, Lisenen, gleichmäßige Fensterreihen und ein ausgeprägtes Traufgesims. Im Zentrum erhebt sich der dreiachsige, vierstöckige Mittelrisalit, der im Giebelfeld der Hofseite eine Wappengruppe zeigt. Es handelt sich um die Wappen des Hochmeisters Clemens August von Bayern (oben), des Landkomturs Philipp Joseph Eusebius Graf von Froberg (links) und des Mainauer Komturs Friedrich Freiherr von Baden. An der Seeseite prangt das Ordenswappen.

Das Innere des Schlosses war vergleichsweise nüchtern. Die Seitenflügel nehmen die Treppenhäuser auf. Repräsentationsräume mit Stuckdecken von Francesco Pozzi oder seiner Werkstatt (Tiere, Masken, Fahnen, Trophäen)

Schlosskapelle, Turm

Schloss Mainau, Balkonkonsole

Ehemaliger Geschützturm

Der Park: Bereits Grossherzog Friedrich I. von Baden, der eine Leidenschaft für exotische Pflanzen hegte, hatte mit der Anlage des Parks auf der Mainau begonnen (Arboretum, Orangerie, Rosengarten). Das Arboretum, die „Baumsammlung", umfasst über 500 verschiedene Arten von Laub- und Nadelbäumen, darunter Mammutbäume, Atlas- und Libanonzedern, Tulpenbäume, Metasequoien und Zitrusbäume. 1888 wurde die Palmensammlung angelegt. Im Park steht der 1558 datierte Schwedenturm, der vermutlich als vorgeschobener Wartturm des Burgbefestigung diente. Er erfuhr Umbauten im späten 19. Jahrhundert.

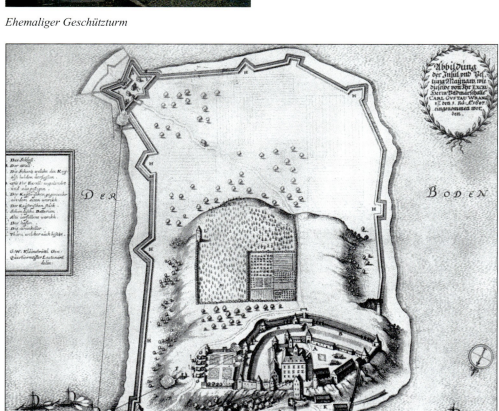

Belagerung der Mainau 1647. Zeichnung Kläinsträttl 1647, Kupferstich Merian

gibt es im 2. Obergeschoss. Bemerkenswert ist der zweigeschossige Weiße Saal (um 1875 in der heutigen Form verändert), dessen Decke und Wände Rokoko-Stukkaturen aufweisen, die ebenfalls Pozzi zugeschrieben wurden. Darüber hinaus gibt es einige für die Mainau gefertigte Steckborner Öfen der Werkstätten von J. Meyer und Durringer sowie Intarsientüren.

Eine angeblich 1292 erbaute Kapelle wurde 1733 abgebrochen, nachdem 1732 bereits das Zeughaus niedergelegt worden war. Die 1739 geweihte Schlosskirche der Hl. Maria war der erste Bau des barocken Schlossumbaues. Im Äußeren besitzt sie Putzbandgliederungen. Als Querarme treten die Herrschaftsemporen außen in Erscheinung, der Westturm ist in die Fassade eingezogen. Das Innere präsentiert sich als relativ schmaler, durch hohe Wandpfeiler und die Fenster strukturierter Saal mit flachem Gewölbe. Gerahmt von den Herrschaftslogen ist der Raum zwischen Langhaus und Chor durch eben diese Logen sowie zwei Chorbögen abgesondert. Die Mainauer Schlosskirche wurde typologisch mit der ebenfalls von Bagnato entworfenen Kirche in Merdingen verglichen. Die Stuckmarmoraltäre und -figuren, zu denen Bagnato die Entwürfe lieferte, fertigte Joseph Anton Feichtmayr. Von ihm stammt auch die Marienbüste aus Blei (Kopie) über dem Eingang. Die Stukkaturen im Inneren schufen Francesco Pozzi und seine Söhne; die Fresken sowie das Hauptaltarbild (Hl. Familie) malte Franz Joseph Spiegler. Die Seitenaltargemälde (Kreuzigung; Beweinung Christi) wurden 1712 für den Vorgängerbau gemalt.

Information

Schloss:
Mainau GmbH, 78465 Insel Mainau,
Tel. 07531-3030, Fax -303248,
E-mail info@mainau.de,
Internet www.mainau.de

Die Zufahrt zur Mainau ist großräumig ausgeschildert, die Insel ganzjährig zugänglich, im Sommer teils bis 20 Uhr.

Von Konstanz Bus-Linie 4. Parkplatz am Zugang. Mehrere Gastronomiebetriebe auf der Insel.

Burgen und Schlösser in und um MAMMERN

Gerahmt von Obstgärten liegt Mammern auf einer breiten Landzunge am Ufer des Untersees. Reste einer Pfahlbausiedlung verweisen auf eine frühe Besiedlung des Geländes. Mammern selbst ist unter dem Namen *Manburon* im Jahre 909 zuerst urkundlich genannt. Seit dem 19. Jahrhundert erlangte das Dorf zunehmend Bedeutung als Kurort. Im Zusammenhang damit ist die Einrichtung der Kuranstalt in Schloss Mammern 1866 zu sehen. 1 km südlich des Dorfes ragt ein bewaldeter Sporn zwischen zwei Bachtälern auf, der den Namen *Burstel* (= Burgstall) trägt. Auf dem Berg – knapp 180 m über dem See – gibt es Wall- und Grabenreste einer Abschnittsbefestigung. Nahebei, am oberen Ende des Schneitsenbachtales, steht die noch bewohnte Burg Liebenfels (s. Lanzenneunforn). In Mammern selbst steht am Seeufer ein Schloss, und 1200 m östlich die eindrucksvolle Ruine der Neuburg.

Schloss Mammern, Hoffassade des Herrenhauses

Schloss Mammern, Kapelle

Schloss Mammern

Neben einer Bachmündung in den Untersee stand wohl bereits im Mittelalter eine Burg, nahe der Anlandungsstelle und dem Stapelplatz. 1576 urkundlich erwähnt, wird sie später *Schlössli* genannt. Nachdem sie 1705 dem Baumeister Franz Beer verkauft worden war, scheint sie im 18. Jahrhundert abgebrochen worden zu sein.

Nahe der Burg oder in deren Vorfeld lag ein Hof, der sich 1492 im Besitz des Melchior Moritz Hüruss von Schönau, Bürger zu Konstanz, befand. Nach 1522 diente der inzwischen verkaufte Hof als herrschaftliches Amtshaus. 1621 übernahmen die Herren von Roll aus Uri die Herrschaft; sie ließen das 1629 zuerst genannte Schloss erbauen, welches vermutlich mit dem heutigen Hauptgebäude identisch ist und von einem italienischen Baumeister gebaut worden sein soll. Der Bau war von einem Mauerbering umgeben. Nach den von Roll wohnten 1667–1687 Angehörige der Familie von Biberegg im Schloss, und 1687–1838 residierten die jeweiligen Statthalter des Klosters Rheinau im Schloss. Es wurde im 17. und 18. Jahrhundert mehrfach verändert: 1644 weihte man die Kapelle ein, 1685/1686 entstand ein neuer Schlosspark mit zwei Pavillons an der Seeseite. Das schmiedeeiserne Portal des Schlossparks wurde aber erst in den 1950er Jahren hier angebracht; es stammt von der abgebrochenen Villa Orelli in Zürich.

1745 wurde am Schloss gebaut. Eine neue Kapelle ersetzte 1749/1750 das 1644 geweihte Gotteshaus; ihr Bauherr war Abt Bernhard II. Rusconi von Rheinau. Eine völlige *reparation des schlosses* ist für das Jahr 1768 belegt. 1772 beschädigte ein Brand mehrere Nebengebäude – der Südflügel wurde daraufhin erneuert oder neu gebaut. Der 1773 datierte Südflügel mit dem Hauptportal trägt die Torinschrift *Salus intrantibus* (= Heil/Gesundheit den Eintretenden). Neue Schäden brachte 1778 eine *greuliche Wasserüberschwemmung*.

Nach der Aufhebung der Statthalterei des Klosters Rheinau wurden der zum Schloss gehörige Grundbesitz parzelliert und große Teile des Mobiliars verkauft. Vielfach zerschlugen und verschleuderten Spekulanten Schlossgüter und -inventare. 1866 richtete Dr. med. H. Feuler (Schaffhausen) eine Kuranstalt im Schloss ein, das – seither oft umgebaut und erweitert – heute als Klinik dient. Zu den wichtigsten Erweiterungen im 19. Jahrhundert gehörten der Bäderbau 1866, der Umbau und die Verlängerung des Südflügels 1868, die „Alte Medizin" 1878, ein Speisesaal 1884 und der Ostflügel 1885. Im 20. Jahrhundert entstanden die sog. Parkflügel, die Gärtnerei, Personalwohnungen und der Seeflügel. Den 1990/1991 ausgeführten Erweiterungsbau entwarfen Esther und Rudolf Guyer.

Schloss Mammern, Gartenportal

Information

Schloss Mammern:
Klinik Schloss Mammern, Akutspital für Innere Medizin mit integrierter Rehabilitation,
mail@klinik-schloss-mammern.ch,
www.klinik-schloss-mammern.ch.

Auf der Uferstraße N 13 in Mammern bis zur kath. Kirche. Parkplatz an der Seestraße zwischen Schloss und Schiffsanlegestelle. Nur die Kapelle ist auch bisweilen im Inneren zu besichtigen; der Park ist von der Schiffsanlegestelle aus zu übersehen.

Eine Abbildung des Schlosses *Mameren* aus dem Jahre 1742 (Chronik von Meiss) zeigt eine unregelmäßige Baugruppe, überragt vom Herrenhaus mit Krüppelwalmdach, Zwerchhaus, zwei polygonalen Eckerkern und einem gleichfalls polygonalen (Treppen-)Turm. In veränderter Form blieb der Bau erhalten. Die teils großen Mauerstärken lassen vermuten, dass Teile der Burg oder des Amtshauses ins Herrenhaus integriert wurden. Im Süden und Osten des Schlosskomplexes standen Wirtschaftsgebäude und Stallungen.

Das bedeutendste Gebäude der gesamten Schlossanlage ist die spätbarocke, von Michael I. Beer von Bildstein (1696–1780) auf Grundlage von Vorplanungen anderer entworfene Kapelle, die eine überregional bedeutende illusionistische Ausmalung im Stile des frühen Rokoko besitzt. Geschaffen hat die Fresken und die gemalten Scheinarchitekturen Franz Ludwig Herrmann, der 1743 Hofmaler des Konstanzer Bischofs geworden war. Herrmanns Sohn Franz Xaver erhielt 1822 den Auftrag zur Übermalung. Diese wurde 1946/1949 entfernt und die Rokoko-Malereien freigelegt. 1979/1992 erfolgte eine Restaurierung. Das Kuppelgemälde stellt die „Unbefleckte Empfängnis" dar, das Deckengemälde im Chor die Hl. Dreifaltigkeit.

Neuburg

Die Neuburg gilt als die bedeutendste, größte und besterhaltene Burgruine am südlichen Unterseeufer. Erbaut wurde sie um die Mitte des 13. Jahrhunderts von den Herren von Klingen als Frontturmburg, deren Wohnturm sich schützend gegen das überhöhende Hanggelände des Berges richtet. Zusammen mit der Burg Hohenklingen über Stein am Rhein soll der Neuburg eine wichtige Rolle bei der Überwachung des Fernverkehrs auf dem Bodensee bzw. dem Rhein zugekommen sein. 1274 fand die Burg ihre erste bekannte urkundliche Erwähnung. Ende des 13. Jahrhunderts könnte die Vorburg entstanden sein.

Ab dem 14. Jahrhundert erfolgten dann zahlreiche Besitzerwechsel. Bis zum 17. Jahrhundert gab es auch immer wieder Um- und Erweiterungsbauten. Dazu gehörte die Anlage eines Brunnens ab 1540 unter Ursula von Thumb. Aber trotz allem galt die Burg um 1600 als *gar ohnbequem*; zudem soll sie bereits zu jener Zeit baufällig gewesen sein, obschon es im 17. Jahrhundert noch zu Neubefestigungen kam (Werke an der Nordost- und Südecke). Schließlich stürzte 1699 ein Teil der Ringmauer ein. Die neue Besitzerfamilie, von Roll, war daher im neuen Schloss zu

Neuburg, Blick über den Halsgraben zum Wohnturm

Mammern ansässig. Nachdem die Neuburg ans Kloster Rheinau gelangt war, ließ jenes 1742 einsturzgefährdete Bauteile abbrechen. Abbruchmaterial von der Burg wurde zum Bau der Kapelle des Schlosses zu Mammern genutzt. 1813 stürzte das Dach des Wohnturmes ein. Nachdem bereits 1930 Dr. Waldemar Ullmann eine Burgrestaurierung veranlasst hatte, kam es 2000/2001–2003 zu einer umfassenden Sanierung und – damit verbunden – archäologischen Untersuchung der Burg. Weitere Mauersicherungsmaßnahmen sind vorgesehen.

Markantester erhaltener Bau der Neuburg ist der fünfstöckige Wohnturm, dessen Außenschalen Bollenmauerwerk zeigen, während die Turmecken durch (Buckel-)Quadern mit Randschlag gefasst sind. Vermutlich im 17. Jahrhundert entstand die Geschützplattform in Richtung See.

Der Name legt nahe, dass die Neuburg als Ersatz für eine „alte" Burg entstand. Ob diese im Bereich der Baureste jenseits des Halsgrabens zu suchen ist – die zuständigen Archäologen des Thurgauischen Amtes für Denkmalpflege sprechen von einem „Erdwerk" – bleibt vorerst offen. Es könnte sich hierbei auch um eine

Neuburg, Wohnturm

Burgmannenburg (mit Wohnturm?) gehandelt haben. Auch ein Plateau rechts des Hohlweges, der südlich der Burg auf die Höhe führt könnte, mit allem Vorbehalt, als Standort einer Befestigung angesehen werden.

Neuburg, Umzeichnung nach einer Federzeichnung Johannes Friedrich Meiss, 1743

Information

Neuburg:
Von Mammern über Wanderwege zu Fuß; kein Parkplatz vorhanden. Frei zugängliche Ruine (vorbildliche Info-Tafel, Text auch über Internet verfügbar); eindrucksvolle Aussicht bis hin nach Konstanz. Wer den Grillplatz in der Ruine nutzen möchte, wende sich an Fritz Gerber, Liebenfelsstraße 13, CH-8265 Mammern, Tel. 0041-(0)52-7412606.

Burgen und Schlösser in ÖHNINGEN

Anstelle Öhningens lag vermutlich eine alemannische Siedlung. Aus dem Jahre 788 stammt die erste bekannte urkundliche Erwähnung des Ortes *Oninga*, dessen Name sich vermutlich von einem Personennamen (Ono?) ableitet. Kern der Siedlung war möglicherweise ein Herrenhof, der später durch das Kloster ersetzt wurde, welches aus einer Stiftung des Grafen Kuno „von Öhningen" im 10. Jahrhundert hervorging. 965 als Kloster bestätigt, besaß Kunos Stiftung Grundbesitz in Öhningen und das Niedergericht. Die gräfliche Familie hatte die Schirmvogtei (= Schutzherrschaft) inne. Im 12. Jahrhundert wurde das Kloster ein Augustiner-Chorherrenstift. Spätestens gegen Ende des 12. Jahrhunderts übernahm der Bischof von Konstanz die Vogtei über die nunmehrige Propstei. 1534 erfolgte die Eingliederung der Propstei in das Konstanzer Domstift. 1805 kam es zur Auflösung des Konvents, der damals noch fünf Mitglieder zählte. Das Rathaus war einst Obervogteiamt, d. h. ein herrschaftlicher Verwaltungsbau. Er entstand wohl um 1640/1650 unter Franz Johann Praßberg, Vogt von Altsummerau, dessen Wappen über dem Eingang angebracht ist. In den Ortsteilen von Öhningen lassen sich bislang elf Burgen, Schlösser und Herrenhäuser nachweisen; die wichtigsten werden nachfolgend vorgestellt.

Öhningen: Burg Oberstaad, Seeseite

Öhningen, Burg Oberstaad, Wohnturm

Burg Oberstaad
(Ortsteil Öhningen)

Am Südende der Höri liegt am Untersee die Burg Oberstaad (ober Staad = „oberhalb des Gestades/Ufers"), die zwar urkundlich erst 1446 in Erscheinung tritt, nach der Bausubstanz aber bereits deutlich früher entstand. Es wurde vermutet, die Herren von Hohenklingen hätten um 1200/1230 die Burg an dieser für die Kontrolle des Schiffsverkehrs günstigen Stelle erbaut.

1446 verkaufte Albrecht von Klingenberg *Burg, Haus, Hofstadt und Hofrait zu Oberstad* mit dem Wassergraben sowie die Fischereirechte im See vor der Burg, *wie wir und unsere Vorderen alles sammt und sunders inne gehabt* (s. Schmitt I 1998) für 500 rheinische Gulden an Konrad Egli zu Herdern, einen angesehenen Konstanzer Patrizier. Dessen gleichnamiger Erbe Konrad verkaufte den Besitz 1491 für 622 rheinische Gulden. Im Schweizerkrieg 1499 gehörte Oberstaad, damals Besitz des Konstanzer Patriziers Peter Mäßlin von Granegg, zu den von Eidgenossen zerstörten Burgen: Der niedrige Seewasserspiegel im Februar führte zum Austrocknen des Burggrabens. Die zwölf Verteidiger konnten die Burg nicht halten. Es kam zur Plünderung und Besetzung und im März 1499 zum Niederbrennen der Burg.

Zu Beginn des 16. Jahrhunderts wechselte die Burg öfter den Besitzer. Viele weitere Verkäufe folgten im 17./18. Jahrhundert. Nachdem der letzte adelige Schlossherr Oberstaad 1827/1828 aufgegeben hatte, wurde es, wie viele Burgen und Schlösser, zum Spekulationsobjekt. 1830 erwarb der Fabrikant Michael Wehrle die Burg für 6 100 Gulden. 1836 kauften sie drei Schweizer für 7 400 Gulden. Sie richteten hier eine Rotfärb-/Kattundruckerei ein, die in den 1860er Jahren ca. 80 Beschäftigte hatte. Nach dem Brand 1863, der das Innere des Wohnturmes zerstörte, wurde jener als Trockenturm eingerichtet. Nach zwei wei-

teren Besitzerwechseln erfolgte 1886 der Übergang an den Schweizer Unternehmer Sallmann, der eine Trikotagen-Fabrik einrichtete und mehrere Produktionshallen bauen ließ. 1969 erwarb die Firma Schiesser (Radolfzell) die Burg von den Schwestern Sallmann. 1971 zerstörte ein Brand das neueste Fabrikgebäude. Danach wurde aus der Burg ein Ausbildungszentrum der Firma Schiesser.

Nachdem bereits 1959 Maßnahmen zur Sicherung des Wohnturmes stattgefunden hatten (Putzabschlagen, Freilegen von Öffnungen und der eingemauerten Staffelgiebel, Satteldach), kam es 1972 – 1973 für die Firma Schiesser zu neuerlichen Arbeiten am Turm. Zeitgleich wurde der „Palas" bis auf die Westmauer abgebrochen. Die restlichen Abrucharbeiten erfolgten unter dem Gesichtspunkt der Wiederverwendung von Baumaterialien und dem Wiedereinbau von Kachelöfen, der Renaissancedecke, der Sandstein- und Holzfußböden, Sandsteinscharten, eines gotischen Fenstergewändes und der tragenden Holzkonstruktionen. Betonfundamente und eine Betonplatte bilden die Basis für den Neubau (Schmitt I 1998). Am 30.11.1973 wurde das Jacques-Schiesser-Haus eingeweiht.

Die erste Burg bestand aus dem Wohnturm, umgeben von einer etwa rechteckigen Ringmauer. Um 1230/1250 soll ein zweistöckiger Palas an der Seeseite entstanden sein. Nach dem Brand 1499 kam es zu Veränderungen am Wohnturm (Fenster im 2. und 3. Obergeschoss). 1608/1609 wurden die Wohnräume der Burg und einige Wirtschaftsgebäude erneuert. 1674 kam es zur Barockisierung des Wohnbaues unter Heinrich Christoph von Liebenfels. Die größten Veränderungen brachten die Umbauten im 19./20. Jahrhundert, die z. T. eher Neubauten waren. Kürzlich stand die Burg zum Verkauf, d. h., es gilt wiederum eine neue Nutzung für sie zu finden.

Schloss Kattenhorn, Kapelle St. Blasius

Kattenhorn, Schulthaiss- Schlösschen, Herrenhaus, Hofseite

Schloss Kattenhorn
(Ortsteil Kattenhorn)

Am Seeufer liegt die ehemalige Wasserburg Kattenhorn. Eine Burg könnte im 12. Jahrhundert entstanden sein, doch ist unklar, ob ihr Standort mit dem jetzigen identisch war. Ab etwa 1300 soll Kattenhorn den Herren von Hohenklingen gehört haben. Nach dem Tode des letzten Hohenklingeners, Ulrich XI. d. J. (†1444), fiel Kattenhorn ans Haus Fürstenberg, das bis 1806 die Oberlehenschaft und bis 1857 das Eigentum behielt.

Nachdem 1867 Türme und Teile der Ringmauer abgebrochen wurden und der Graben teils verschüttet worden war, erwarb 1884 Artillerieleutnant z. D. Hammer (Colmar) die Burg, der Umbauten vornehmen und den Garten mit der Seemauer neu gestalten ließ. 1891 veräußerte Hammer seinen Wohnsitz an den Arzt Dr. Vollbeding. 1905 erwarb Konrad Liebherr (Konstanz) das Schloss und richtete darin eine Skapulierfabrik ein. Ab 1921 bewohnte der Fabrikant Max Brunner aus Schaffhausen mit seiner Familie Kattenhorn. Er beteiligte sich finanziell an der Renovierung der Schlosskapelle und der Schaffung des Deckenbildes. 1925 übernahm dann der Industrielle Karl Ruland aus Offenbach das Schloss.

Aus dem Öhninger Kirchenbuch geht hervor, dass 1520 die Kapelle St. Blasius in den nordwestlichen Rundturm eingebaut wurde; diesem wurden dazu ein Langhaus und ein Chor angefügt. 1996 – 1997 ließ das erzbischöfliche Bauamt Konstanz die Kapelle wissenschaftlich untersuchen. Ihre Restaurierung erfolgte bis

Schloss Kattenhorn, Herrenhaus, Seeseite

2001. Über dem Eingang der Kapelle ist das Wappen des Konstanzer Bischofs und Kardinals Markus Sittich von Hohenems (1561 – 1589) angebracht.

Die 1884/1885 aufgeführte Gartenmauer an der Westseite und der Seefront folgt wohl dem Verlauf des 1867 verschütteten Grabens. Reste eines spätmittelalterlichen, gerundeten Turmes mit sog. Schlüssel(loch)scharte für leichte Feuerwaffen sind an der Südwestecke des heute als Garage genutzten Nebengebäudes erhalten. Möglicherweise gehörte der Turm zu einem seeseitig angelegten Doppelturmtor. Das Schlossgebäude selbst vermittelt den Eindruck der Umbauten nach 1867 und ab 1884. Der zweistöckige Südflügel mit Walmdach birgt mittelalterliche Bausubstanz (u. a. spätgotische Staffelfenster, 1487). Der im Winkel angesetzte Westflügel zeigt an der Nordwestecke die Datierung 1561.

Schulthaiss-Schlösschen
(Ortsteil Kattenhorn)

An der alten Strasse, die vom Schloss Kattenhorn aus auf die Höhe führt, liegt rechterhand ein Gehöft mit stattlichem, zweigeschossigem, in der heutigen Form barocken Wohnbau, das ein Herr Schultheiß, kurz ehe es an Fürstenberg kam, erbaut und bewohnt hat (Schuster 1908).

Die Geschichte dieses Schlösschens wurde noch nicht erforscht, so berichten Bewohner von Kattenhorn.

Information

Burg Oberstaad (Ortsteil Öhningen):
Von Öhningen aus in Richtung Seeufer-Strandbad. Keine Besichtigung; vom Bootshafen und von der Zufahrt aus Einblick ins Burggelände.

Schloss Kattenhorn (Ortsteil Kattenhorn):
Von der L 192 zum Seeufer abzweigen. Privatbesitz, keine Besichtigung; die Schlosskapelle ist tagsüber geöffnet. An der Westseite der Schlossmauer führt ein öffentlicher Weg bis zum See hinab, von dem aus ein Blick auf das Schloss möglich ist.

Schulthaiss-Schlösschen (Ortsteil Kattenhorn):
An der Verbindungsstraße von der L 192 zum Schloss Kattenhorn. Privatbesitz, keine Besichtigung, doch von zwei Seiten gut zu überblicken.

Schrotzburg, Vorburg

Schrotzburg
(Ortsteil Schienen)

Die Schrotzburg liegt auf einem markanten Sporn des Schienerberges, auf dem Reste zahlreicher weiterer Burgen und Befestigungen zu finden sind. Von der Burg bot sich einst, inzwischen durch Bäume verdeckt, ein weiter Blick über Bodensee, Hegau und Thurgau. Über die Gründung der Burg ist nichts bekannt. Einzelfunde belegen nicht, wie teils behauptet, die Existenz eines römischen Kastells auf dem Berg. Der Name der Burg soll vom Namen Scrot abgeleitet sein: In Schienen bestand um 800 ein Landgut des fränkischen Grafen Scrot „von Florenz", der als Stifter des Klosters Schienen gilt.

Das weiträumige, einst umwallte Plateau vor der Burgruine wird als große frühmittelalterliche Burg gedeutet. Ob sie tatsächlich auf den letzten Alemannenherzog Theutbald zurückgeht, der 746 von den Franken gestürzt wurde, und sie gar die legendäre „Thietpoldsburg" war, ist umstritten. In Urkunden erscheint die Schrotzburg erst ab dem 14. Jahrhundert. Die Struktur der Hauptburg, die nur einen Teil der Fläche der älteren Burg einnimmt, macht eine Entstehung zwischen dem 11. und 13. Jahrhundert wahrscheinlich. In der 2. Hälfte des 14. Jahrhunderts war die Burg Sitz der Herren von Schienen, eines vielleicht edelfreien, später reichenauischen Ministerialengeschlechtes, das 1211 zuerst urkundlich erwähnt wird, 1638 im Mannesstamm und 1676 in weibliche Linie ausstarb. Die Beutezüge, die Werner von

Schienen gemeinsam mit anderen „Raubrittern" gegen Bürger umliegender und schwäbischer Städte unternahm, führten 1441 zur Belagerung der Schrotzburg im Städtekrieg. Nach drei Tagen gaben die Verteidiger auf, steckten die Burg in Brand und flohen in der Nacht. Die Angreifer zerstörten die Schrotzburg, die offenbar nicht mehr aufgebaut wurde. 1624, im Dreißigjährigen Krieg, wollte der Majoratsherr Georg Rudolf von Schienen die Burg anscheinend neu aufbauen. Ob sie damals noch in Teilen bewohnbar war, ist unklar. Ein Eintrag im Kirchenbuch besagt: *1638 19. Dezember ist zu Schrotzburg andächtig verschieden Junker Rudolph von Schinen, seines Stammes und Namen der letzte.* Der Wirtschaftshof der Burg wurde nach dem Tod Rudolphs an Bauern verpachtet. Er existiert noch heute. 1645 übernahm Adolf Hamar aus Mähren, ein Nichtadeliger, das Schrotzburglehen. Er nannte sich nun *Adolf Hamar von Schrotzburg, der Rechten Doctor, fürstlich Lobkowitzischer Rat und Kanzler.*

Die ovale Hauptburg steht auf einer dreiseitig steil abfallenden Spornspitze. Von ihr sind außer dem Graben Reste der Ringmauer und von Bauten unbekannter Funktion erkennbar. Der tiefe Graben trennt die Hauptburg von der Vorburg/frühmittelalterlichen Wallburg. Die Burgteile verbindet ein Damm; vielleicht wurde er zur Abfuhr von Steinen bei der Ausschlachtung der Ruine aufgeschüttet. Zuletzt diente die Schrotzburg im Ersten Weltkrieg als Wehrbau: Hier war eine Luftabwehr-Batterie eingerichtet.

Schrotzburg, Ruine der Hauptburg

Information

Schrotzburg (Ortsteil Schienen): Fußweg von Bohlingen durch die Bohlinger Schlucht oder vom Wanderparkplatz an der L 193.

Die Hauptburg ist frei zugänglich, die Vorburg wegen weidewirtschaftlicher Nutzung nicht zu betreten.

Schloss Marbach, Herrenhaus

Schloss Marbach
(Ortsteil Wangen)

Aus dem Jahr 1291 stammt die erste urkundliche Erwähnung der Burg, die dem Schloss vorausging. Sie liegt am Hochufer des Sees, der sich an dieser Stelle zum Rheinausfluss hin verengt. Der Burg kam eine wichtige Funktion im Hinblick auf den See als Handelsstraße zu. Die Herren von Marbach, ein 1212–1370/1381 bezeugtes Reichenauer Ministerialengeschlecht, waren hier ansässig. Nachdem es seitens der Burgherren, es waren inzwischen Angehörige der Familie von Brandis, zu Übergriffen auf Konstanzer Kaufleute gekommen war, wurde die Burg 1369 angeblich von Konstanzern und Steckbornern niedergebrannt. 1384 oder 1385 wurde sie von Konstanzern eingenommen und 1386 dem Kloster Reichenau zurückgegeben. Danach war sie verlehnt und teils verpfändet.

Etwa ab 1409/1413 saß, mit Unterbrechungen, die dem Konstanzer Stadtadel angehörige Familie von Ulm auf Burg Marbach. 1429/1430 beschädigten aufständische Konstanzer die Burg; deren Besitzer Jakob von Ulm wurde später eine Entschädigung zugesprochen.

Schon 1441 erfolgte offenbar die nächste Zerstörung im Städtekrieg. Weitere Zerstörungen verursachten Brände 1461 und um 1570. Domprobst Jakob Fugger aus Konstanz erwarb die Burg 1587. Bald darauf, 1598/1599, kam sie an Hans Ludwig von Ulm, als Lehensträger seines Vaters Hans Caspar II., der 1613 als Reichsvizekanzler vom Kaiser in den Reichsfreiherrenstand erhoben wurde. Während des Dreißigjährigen Krieges (1618–1648) wurde das Schloss geplündert und gebrandschatzt.

1828 erwarb Graf Grimaldi/Grimaudet (†1839) Marbach. Er ließ das Schloss umbauen. Nach seinem Tod gab es zahlreiche Besitzerwechsel, und in den 1860er Jahren wurde der Abbruch erwogen. 1888 erwarb Dr. August Smith das Schloss, das er als Kurklinik nutzte. Zur Kuranstalt für Herz- und Nervenleidende machte es Dr. Hornung, der neue Schlossbesitzer, 1898, der die Aufstockung des Wohngebäudes und die Umgestaltung in Neorenaissance-Formen veranlasste. 1919 kaufte der Landmaschinenfabrikant Dr. Karl Lanz (Mannheim) das Schloss, das er nach dem Brand 1924 vereinfacht neu aufbauen ließ. Von seiner Witwe erwarb es das deutsche Luftfahrtministerium und nutzte es als Offizierserholungsheim. 1945 übernahm die französische Besatzung das Schloss; sie behielt es bis 1977. 1987 erwarb es die Unternehmensgruppe Jacobs-Suchard und ließ es 1988/1989 als Seminarzentrum erweitern. Dabei entstanden die sog. „Wohntürme".

Von dem schlichten Herrenhaus sind nach den Zerstörungen und Umbauten wenig mehr als die Außenwände und Renaissance-/Barock-Portale erhalten, doch mögen in den gewölbten Untergeschossräumen Reste mittelalterlicher Bauten zu suchen sein. Der Bau trägt heute ein Walmdach, eine Zeichnung von J. Eggen zeigt ihn 1802 mit Satteldach.

Information

Schloss Marbach (Ortsteil Wangen): Seminar- & Tagungszentrum Schloss Marbach, 78337 Öhningen-Marbach.

Das Schloss (an der L 192 zwischen Wangen und Hemmenhofen) ist nicht zu besichtigen, das Herrenhaus jedoch durch das Gartentor und über die Mauer hinweg gut zu sehen.

Burgen und Schlösser in RADOLFZELL

Anstelle der um 826 auf Besitz der Abtei Reichenau gegründeten Niederlassung Radolfs, des früheren Bischofs von Verona, entwickelte sich eine Siedlung, die 1100 das Markt- und 1267 das Stadtrecht erlangte. 1298 verkaufte der Bischof von Konstanz, damals Gubernator der verschuldeten Abtei, die Vogtei über Radolfzell an Habsburg/Österreich. Bis 1805 blieb die Stadt, die kurzfristig 1415–1455 reichsunmittelbar war, österreichisch. Im Bauernkrieg 1524/1525 zog sich der Adel aus dem Hegau in die Stadt zurück; eine zehnwöchige Belagerung beendete ein Entsatzheer des Schwäbischen Bundes. Von der Stadtbefestigung blieben einige Türme (Höllturm; Pulverturm nahe dem Bahnhof) mit im 15./16. Jahrhundert eingefügten Feuerwaffenscharten und das Schützentor (im 18. Jahrhundert Gefängnis) erhalten. Der Stadtgraben unterhalb der Burg wurde bis 1924 zum Stadtgarten umgestaltet.

Stadtburg, Wohnturm, Feldseite

Österreichisches Schloss

Stadtburg der Reichenauer Äbte

An der höchsten Stelle innerhalb der Stadt steht an der Stadtmauer ein turmartiges Wohnhaus, das wohl aus dem auf der Stadtansicht von 1560 dargestellten Wohnturm der Burg hervorging. Diese entstand im 13. Jahrhundert anstelle des Reichenauer Kelhofes und war Sitz der von der Abtei eingesetzten Ammänner. Zudem diente die Burg als Stadtquartier der Äbte. 1415 war hier der Papst als Gefangener des Konstanzer Konzils inhaftiert.

1421 erhielt die damals reichsunmittelbare Stadt Radolfzell die Burg und das Ammannsamt als Pfand, 1538 übernahm sie es ganz. Die baulich vernachlässigte Burg, deren Gräben inzwischen verfüllt waren, diente im 19. Jahrhundert bis 1884/1885 als Scheune. 1885 wurde sie zur Schule, später zur Frauenarbeitsschule, und seit 1918 diente sie als Übungsstätte für Musiker. Im Inneren völlig umgebaut, ist sie heute ein Wohnhaus.

Ritterschaftshaus

Wie vielerorts in Städten am Bodensee nahmen sich zahlreiche Adelige in Radolfzell einen Wohnsitz zusätzlich zu ihrer Burg. Ab 1427 war Radolfzell der oft gewählte, ab 1557 dauernder Tagungsort und Verwaltungszentrum des Kantons Hegau der vier schwäbischen Ritterschaften Zum St. Georgenschild. Die Hegauer Ritterschaft erhielt hier einen Sitz, indem ihr Junker Hans von Schellen-

berg auf Randegg 1609 sein Radolfzeller Stadthaus überließ. Mehrmals umgebaut, enthält das Gebäude gegenüber dem Münster noch Bausubstanz des 14./15. Jahrhunderts. 1658/1660 erhöhte man es um ein Stockwerk. Das Barockportal mit der Freitreppe entstand zu Beginn der 1760er Jahre. Überragt wird das Haus vom im Hof stehenden mächtigen Treppenturm, dessen Dach eine Wetterfahne mit der Darstellung des Hl. Georg trägt. Heute dient das Ritterschaftshaus, das 1806 zur Kaserne wurde, als Amtsgericht.

Österreichisches Schloss

Die Stadt Radolfzell ließ 1619/1620 anstelle zweier Chorherrenhäuser den Schlossbau nahe dem Münster beginnen. Er sollte Erzherzog Leopold von Österreich (1586–1632), einem Bruder Kaiser Ferdinands II., als Stadtresidenz dienen. 1619 war jener, zuvor Bischof in Straßburg und Passau, vom Kaiser als Statthalter von Vorderösterreich und Tirol berufen worden. 1621 wurden die Bauarbeiten wegen des Dreißigjährigen Krieges (1618–1648) eingestellt. Fertig waren die Gewölbekeller, das gewölbte Erdgeschoss, die Umfassungsmauern und das Prunkportal mit Hermen, Beschlagwerk und den Wappen von Alt-Österreich und Radolfzell. Als Portalbekrönung ist der von Löwen gehaltene österreichische Bindeschild aufgesetzt. Im 17. Jahrhundert diente das unfertige Schloss als Schütte, Speicher und Weinlager. Erst im 1. Viertel des 18. Jahrhun-

derts erfolgte ein teilweiser Bauabschluss unter Verzicht auf den im 17. Jahrhundert geplanten Treppenturm. 1734 wurde das Schloss Rathaus, ab 1825 diente es für fast 150 Jahre als Schule. 1842 fand eine Renovierung statt. 1909–1950 beherbergte das Schloss im Erdgeschoss die Altertümersammlung, das spätere Heimatmuseum. Seit 1983 dient es als Stadtbibliothek, der Gewölbekeller wird als Lokal („Tanzschlössle") genutzt.

Auf den Schmalseiten des Schlosses sitzen Treppengiebel. Die Hauptfassade ist von zwei quadratischen Turmerkern gerahmt. Ihre achteckigen Obergeschosse haben geschweifte Hauben und werden von kleinen Schlüsselscharten durchbrochen, die kaum noch Wehrfunktion als Schießscharten hatten, sondern eher als Hoheitszeichen zu deuten sind.

Information

Stadtburg der Reichenauer Äbte: Straße „Hinter der Burg". – Keine Besichtigung (Wohn- und Geschäftshaus), doch von zwei Seiten zugänglich; am eindrucksvollsten von der Stadtgrabenseite.

Ritterschaftshaus: Seetorstraße. – Keine Besichtigung (Amtsgericht), doch von außen zugänglich. Hof bisweilen geöffnet.

Österreichisches Schloss: Kirchgasse. – Keine Besichtigung, jedoch rundum zugänglich.

Schloss Rickelshausen
(Stadtteil Böhringen)

Ein Hofgut *Richinlinhusen* ist 1170/1179 zuerst bezeugt. 1238 werden Alt- und Neu-Rickelshausen unterschieden. 1709 kaufte Johann Eustachius von Senger beide Höfe. Das Schloss entstand 1769/1772 unter Fridolin Erhard von Senger. Es gehört zu den zahlreichen Burgen und Schlössern, die im 19. Jahrhundert umgenutzt wurden. Der damalige Besitzer Fridolin Jakob (1782–1866) verkaufte das Schlossgut 1823, nachdem er zuvor einen Gewerbebetrieb, eine Bleiche, im Schloss eingerichtet hatte. Teile des Schlosses, die in die Hände von Spekulanten gerieten, sollten danach zu einer Fabrik für Blausäure, Kali, Salmiak und „Berliner Blau" werden. Ein Gebäude ließ die Gemeinde 1834 abbrechen, und durch Werkmeister Hirling aus Stahringen aus dem Abbruchmaterial ein Schul- und Rathaus im Dorf errichten. Es wurde 1835 fertig gestellt und blieb bis in die jüngste Zeit Rathaus. Das Schloss dient nun, seit 1976, erweitert um einen modernen Anbau, als stilvolles Hotel. Den Kern der Schlossanlage bildet eine dreiteilige Baugruppe, bestehend aus dem Herren-

Schloss Rickelshausen, Herrenhaus

haus *(corps de logis)* und zwei dieses symmetrisch „rahmenden", freistehenden Flügelbauten. Vorbilder hierfür sind in oberitalienischen Villenanlagen zu suchen. Das barocke zweigeschossige Herrenhaus mit kräftigem Traufgesims und „geschweiftem" Krüppelwalmdach wird durch eine Freitreppe erschlossen, die zum Portal führt, über dem die Wappen des Bauherrn und seiner Eltern angebracht sind. Von den Flügelbauten, die sich zum Hof mittig in einer Arkade öffneten, ist nur einer erhalten. Er war es, der im 19. Jahrhundert als Bleiche diente.

Nicht weit von Schloss Rickelshausen, ca. 750 m nach Nordwesten, liegt der **Weiherhof**, der möglicherweise aus einer Wasserburg hervorging. 1916 erwarb ihn die Familie Curtius. Dr. Hans Curtius (1878–1959) stammte aus einer niederrheinischen Industriellen- und Chemikerfamilie. Er forschte hier zur Entwicklung eines neuen Tuberkulosemedikamentes. Curtius ließ ab 1919 das Friedinger Schlößle als Sommersitz für seine Familie umgestalten. In der Ära Curtius kam es auf dem Weiherhof zu kleineren Umbauten. Derzeit entsteht hier ein Reiterhof. Den Hof vor dem Herrenhaus umgeben auf drei Seiten Wirtschaftsbauten, so dass sich eine Vierflügelanlage ergibt. Das Alter der einzelnen Bauten ist bislang nicht bekannt.

Scheffelschlösschen
(Stadt Radolfzell)

Am Rand der Halbinsel Mettnau liegt auf einer den Bodensee 6–7 m überragenden Kuppe das Scheffelschlösschen. Der Dichter Joseph Viktor Scheffel (1826–1886), der seit 1869 mit seiner Familie den Sommer auf der Halbinsel Mettnau verbrachte, wurde 1876 vom Großherzog von Baden und vom König von Württemberg in den erblichen Adelsstand

Weiherhof, Herrenhaus, Hofseite

erhoben. Er beabsichtigte wohl, die Meersburg/Bodensee zu kaufen; der Kauf kam aber nicht zustande. Im Kontext seiner Nobilitierung ist der Erwerb des Mettnau-Gutes 1876 und der Ausbau des dazugehörigen Rebgutpächterhauses zum Schloss 1878/1879 zu sehen. Den Entwurf lieferte der populäre Architekt Karl von Groszheim (1841–1911); das Büro Kayser & von Groszheim für *Architektur und Kunstindustrie* gehörte zu den erfolgreichsten im Kaiserreich und führte mehrere Staatsaufträge aus. Erst 1872–1873 hatte Scheffel, der „Dichterfürst", sich auf der Mettnau, nicht weit entfernt, die Villa Seehalde erbauen lassen. Im Gegensatz zu ihr zeigt das nun erworbene Gebäude nach dem Umbau von Scheffel mit dem Turm ein Burg-/Schlosselement. Im 19. Jahrhundert gehörte ein Turm – wie bei den meisten mittelalterlichen Burgen – wieder zu den wichtigsten Bedeutungsträgern herrschaftlicher (adeliger und bürgerlicher) Wohn-

Scheffelschlösschen, Herrenhaus mit Turm

bauten. Der Turm des Scheffelschlösschens enthielt u. a. das Arbeitszimmer des Dichters. Im Erdgeschoss des in Neorenaissance-Formen gestalteten Schlosses wurde 1928 ein Scheffel-Museum eingerichtet. 1966 nahm die Kurbetriebsverwaltung ihren Sitz im Schloss.

Information

Schloss Rickelshausen (Stadtteil Böhringen):
Gästehaus Gut Rickelshausen, Eliza von Bothmer, 78315 Radolfzell-Rickelshausen, Tel. 07732-981730, Fax 07732-9817327.

Der Park ist zugänglich. Von Singen auf der L 220, kurz vor dem Ort rechts an der Landstraße liegt das Schloss.

Scheffelschlösschen:
Straße über die Halbinsel Mettnau bis Kurbetriebsverwaltung, dort Parkplatz. Nur Außenbesichtigung; der Park ist frei zugänglich.

Weiherhof (Stadtteil Böhringen):
Von Singen auf der L 220, kurz nach der Überführung über die B 34 links an der Landstraße liegt der Hof. Keine Besichtigung.

Burg Möggingen, Torturm, Feldseite mit Wurferker

Burg Möggingen
(Stadtteil Möggingen)

Außerhalb des Ortes liegt die von zwei Wassergräben umgebene, 1363 zuerst genannte Burg auf einem Moränenhügel. Seit dem 13./14. Jahrhundert hatten die Herren von Bodman die Ortsherrschaft als Lehen des Klosters St. Gallen. Die 1445 gegründete Linie Bodman-Möggingen wurde 1686 in den Reichsfreiherrenstand erhoben. 1857 verkaufte der verschuldete Johann Karl von Bodman den Mögginger Besitz. Nach einigen Besitzerwechseln kam die Burg 1900 an die Gräfin Maria Walderdorff und über deren Tochter zurück an die Familie von Bodman. Seit 1946 ist die Vogelwarte Rossitten hier ansässig. Das Herrenhaus bewohnt die Familie von Bodman.

Um 1600 entstand das dreistöckige Herrenhaus mit dem polygonalen Treppenturm unter Nutzung älterer Bausubstanz (Eckbuckelquader). 1632 und 1636 brannte es ab. Anfang des 19. Jahrhunderts war es in so schlechtem Zustand, dass die Familie von Bodman 1803 das 1792 aufgehobene Franziskanerinnenkloster Möggingen zum Schloss umgestalten ließ. 1833 erfolgten weitgehende Veränderungen der Burg unter Karl von Bodman: Türme und der Wehrgang wurden beseitigt, die (Zug-)Brücke durch einen Damm ersetzt, die hohen Giebel des Herrenhauses abgebrochen und dessen steinerne Fenstergewände durch hölzerne ersetzt. 1834 zog die Familie von Bodman wieder ins Schloss.

Der auf dem Gemarkungsplan von 1755 abgebildete, 6–8 m hoch erhaltene Stumpf des Wohnturmes (Seitenlänge bis zu 14,73 m;

Burg Möggingen, Herrenhaus mit Treppenturm

Mauerstärke 3 m) war damals wohl schon abgetragen. Der Turm stand auf einem Hügel innerhalb des Mauerberings. Die Ringmauer umfasst ein ca. 60x90 m großes Polygon. An sie lehnten sich innen mehrere Wirtschaftsgebäude. Den Zugang vermittelt ein Schalenturm, der wohl im 14. Jahrhundert entstand. Später wurde ihm ein Torhaus mit Feuerwaffenscharten vorgesetzt. Über dem Eingang sitzt ein Wurferker. Im Obergeschoss des Torbaues soll sich die 1489 geweihte Schlosskapelle befunden haben, doch ist dies nicht endgültig geklärt. Verschwunden sind die äußeren Verteidigungswerke: ein niedriges doppeltürmiges Vortor und mindestens ein Rondell, die auf historischen Abbildungen dargestellt sind und um/nach 1500 entstanden sein dürften.

Südöstlich des Schlosses liegen der ehemalige Wirtschaftshof und die zugehörige Mühle.

Information

Burg Möggingen (Stadtteil Möggingen):
Anfahrt über die K 6167 von Radolfzell. Das Schloss liegt links vor dem Ort.

Privatbesitz Baron Konrad von Bodman und Vogelwarte. Außenanlagen und äußerer Hof zugänglich, sofern keine Schilder wegen aktueller Brutzeiten den Zugang untersagen.

Homburg
(Stadtteil Stahringen)

Es gibt mehrere Burgen dieses Namens im Gebiet Hegau-Westlicher Bodensee. Insofern ist die Herkunft der 1096 als Ministerialen des Bischofs von Konstanz genannten Herren von Homburg immer noch nicht eindeutig geklärt. Die Homburg bei Stahringen wird 1162 zuerst urkundlich genannt. Spätestens ab 1457 war sie ein österreichisches Lehen. Die Freiburger Chronik berichtet von der Zerstörung der Burg im Schweizerkrieg 1499: Eidgenossen brannten die Homburg nieder (21./22.2.) nachdem sie hier große Beute gemacht hatten. Nach 1500/1502 erfolgte ein Neuaufbau. 1565 kam die Burg an die Familie von Bodman, die sie später dem Kloster St. Gallen verkaufte.

Im Dreißigjährigen Krieg war die Burg wechselnd von verschiedenen Truppen besetzt, bis sie 1642 der Kommandant der Festung Ho-

hentwiel, Konrad Widerhold, zerstören ließ. Bald darauf begann die Auschlachtung der Ruine. Der Amtmann des Klosters St. Gallen, dessen Sitz von der Burg nach Stahringen verlagert worden war, berichtete am 3.2.1749: *das Schloss ist nichts mehr als ein auf einem ziemlich hohen Berg liegender alter Mauerstock.* Knapp 150 Jahre später, am 11.5.1892, war in der Zeitung ‚Nellenburg Bote' zu lesen: *Die Ruine Homburg, welche wegen der […] herrlichen Rundsicht auf die Bergkegel des Hegaus, den Schienerberg, Bodensee und die Alpen so gern von Nah und Fern besucht wird, soll […] anstelle der Leiter eine Treppe erhalten, welche auf die auf der höchsten Mauerkrone herzurichtende Plattform führt.*

Die Hauptburg mit ihrer polygonalen Ringmauer war gegen die anschließende Hochebene, an deren Rand sich der Burgberg erhebt, mit einer fast 3 m starken Schildmauer ge-

Homburg, Schildmauer, Feldseite

schützt, die über 11 m hoch erhalten blieb. Die Schildmauer weist an der Angriffsseite eindrucksvolles Buckelquadermauerwerk auf. Die Hauptburg war anscheinend von einem Zwinger umgeben. Ein Gemälde des 18. Jahrhunderts zeigt einen Rundturm. Durch Baumwurzeln stark gefährdete Mauerreste am Berghang zeugen von weiteren Gebäuden. An die Burg anschließend liegt eine Gruppe von mehreren Gehöften. Vermutlich bestand hier bereits im Mittelalter ein Wirtschaftshof der Burg.

Ob in der Flur Burgtal südlich unterhalb der Homburg eine weitere kleinere Burg bestand, läßt sich nicht mehr eindeutig nachweisen.

Burg Möggingen, Ringmauerecke, Feldseite

Information

Homburg (Stadtteil Stahringen):
Von Radolfzell über die L 220 in Richtung B 34 nach Stahringen; Abzweig im Ort ausgeschildert.

Frei zugängliche Ruine. Eindrucksvolle Aussicht auf die Hegau-Vulkane/-Burgberge und einen Teil des Bodensees.

Burgen und Schlösser auf der Insel REICHENAU

Als „Klosterinsel" ist die Reichenau, die mit ihren bedeutenden romanischen Kirchen im November 2000 von der UNESCO als Weltkulturerbe anerkannt wurde, weltweit bekannt. Touristen und viele Einheimische wissen hingegen nicht, dass auf der Reichenau mehrere, architektonisch teils sehr interessante Burgen und Schlösser stehen. Der bedeutendste Bau, die Pfalz bzw. das Schloss der Äbte, wurde bedauerlicherweise im 19. Jahrhundert abgebrochen; sein letzter Bauzustand ist jedoch durch historische Abbildungen bekannt.

Burg Schopflen
(Oberzell)

Die Burg lag einst auf einer kleinen, von der Reichenau getrennten Insel. Seit 1838/1839 verbindet ein 1,3 km langer Damm, über den eine Pappelallee führt, beide Inseln mit dem Festland. Links am Ende der Allee erheben sich die eindrucksvollen Reste der Burg, die vermutlich Abt Konrad von Zimmern (1234–1253) als Residenz erbaute. Die Burg übernahm ihre Funktion von der frühmittelalterlichen Pfalz der Äbte. Gallus Oeheim berichtet in der Chronik des Klosters Reichenau (1498–1548), die Burg sei einst *ain herlich* [...] *costlich, lustlich vest und werhaft Schloss* [...] *ein pfallentz* [= Pfalz] *oder Sitz eines Abts* gewesen. 1247 ist sie in einer Urkunde *castrum scopula*, 1267 in einer Urkunde von Abt Albert *castrum nostrum* (= unsere Burg) genannt. Im Rahmen einer Auseinandersetzung des Mangold von Brandis, Keller- und Klosterherr auf Reichenau, mit Fischern des Klosters Petershausen bei Konstanz erfolgte 1365 ein Überfall Konstanzer Bürger zusammen mit Petershausenern auf die von Abt Eberhard von Brandis bewohnte Burg. 1369 wurde sie von Konstanzern zerstört und offenbar nicht mehr aufgebaut. Infolge der Säkularisation kam die Burg 1803 mit der Abtei als vorheriges Konstanzer Bischofsgut ans Großherzogtum Baden. Heute ist sie im Besitz des Landes Baden-Württemberg.

Unmittelbar neben der Straße steht die Ruine eines oft fälschlich als „Wohnturm" bezeichneten Gebäudes (30,10 x 19 m). Der in 1½ Geschossen erhaltene, 2002 gesicherte Bau weist an den Fassaden Wackenmauerwerk auf; seine Ecken sind mit Buckelquadern gefasst. Buckelquader mit Randschlag finden sich auch in anderen Mauerpartien. An den Längsseiten sind im Untergeschoss beiderseits zwei Schlitzscharten vorhanden, je eine noch offene und eine zugesetzte. Das teils abgegangene Geschoss darüber zeigt Reste mehrerer, einst wohl repräsentativer Fensternischen. Im Inneren der weiträumig mit Versturz aufgefüllten Ruine steht eine Aussichtsplattform. Eine Darstellung der Burg in der Chronik des Klosters Reichenau von 1627 (Thurgauer Kantonsbibliothek, Frauenfeld) zeigt die Ruine dieses

Reichenau, Burg Schopflen, Inneres der Wohnbau-Ruine

Baues und daneben einen Turm mit Satteldach. Auf einem Gemälde im Reichenauer Münster ist der Bau mit erhaltenem Wohngeschoss zu sehen; daneben erhebt sich ein turmartiger Bau mit Hocheingang, Fachwerkobergeschoss und Krüppelwalmdach. Wohl an seiner Stelle steht heute ein Wohnhaus mit Anbau.

Information

Burg Schopflen (Oberzell):
Auf der L 221 über den Damm zur Insel Reichenau. Links am Ende des Dammes liegt die Burg. Frei zugängliche Ruine; Parkmöglichkeit vor der Burg auf 2 bis 3 Pkw beschränkt.

Schloss Königsegg

Das Schloss entstand um 1560, wohl als Ersatz für einen vom Kloster gegründeten Bau, im Auftrag der Herren (später Grafen) von Königsegg. Historische Abbildungen legen nahe, dass das Schloss einst zweigeschossig war. Es gehört zu den im 16./frühen 17. Jahrhundert häufigen, den Kastellburgtypus modifizierenden Bauten mit vier Ecktürmen (s. Singen: Schloss Schlatt). Um 1630 kaufte Fürstbischof Johann VII. von Konstanz Königsegg für das Augustinerchorherrenstift Beuron (daher auch Beuroner Schlößle). 1840 erwarb es der Kaufmann Gottlieb Friedrich Deichmann (Ulm). Um 1843/1850 erfuhr es einen klassizistisch-historisierenden Ausbau und wurde aufgestockt. Es zeigt in den Obergeschossen dreier Türme für den Spätklassizismus typische gekuppelte Rundbogenfenster. Die Türme tragen polygonale Helme über Rundbogenfriesen, der Turm an der Südwestecke hingegen einen Zinnenkranz, d. h. er assoziiert den Bergfried einer mittelalterlichen Burg.

Nach mehreren Besitzerwechseln wurde das Schloss 1927 Gästehaus des Industrieunternehmens Hohner. Heute beherbergt es die Me-

Schloss Königsegg, Herrenhaus

dizinische Akademie Reichenau/Schule für Logopädie.

Bemerkenswert ist die Ausmalung des um 1850 entstandenen Festsaales: die Landschaftsbilder schuf Theodor Herrmann 1926.

Schloss Windeck
(auch Bürgle)

Die frühe Geschichte des Schlosses ist ungeklärt; verschiedentlich wurde es als Ersatzbau für die 1369 zerstörte Burg Schopflen angesehen. Vermutlich wurde um 1400 ein unbefestigtes Gebäude mit massivem Erdgeschoss und ein bis zwei Fachwerkgeschossen erbaut und vor 1627 zum dreigeschossigen steinernen Haus ausgebaut. 1630 wurde das Bürgle zum Sommersitz und Gästehaus des Konstanzer Bischofs umgestaltet. Mehrfach wechselte es den Besitzer, insbesondere, nachdem es von der badischen Domänenverwaltung 1817 verkauft worden war. 1860 war das Schloss ein Mietshaus. Es war spätestens in den 1880er Jahren in bürgerlichem Besitz; um 1886 gehörte es dem Sanitätsrath Dr. Benzinger. Gegenwärtig dient das Schloss als Ferienheim und Tagungsstätte der Energie-Versorgung Schwaben AG.

Dem Herrenhaus mit Satteldach zwischen Stufengiebeln ist an der östlichen Giebelseite ein niedriger runder Treppenturm (1707) vorgelegt. 1985 wurde an die parkseitige Giebel-

Reichenau, Bürgle Windeck, Herrenhaus

front ein einstöckiger Versorgungsbau angefügt. Innen sind die kreuzgratgewölbte Kapelle im Erdgeschoss (heute Speisesaal) sowie Kassettendecken und Portalrahmungen in Spätrenaissanceformen in den oberen Geschossen zu erwähnen. Historistisch ist die wohl 1912 angelegte neue Ringmauer mit Zinnen und Eckrondellen, welche die 1860 abgebrochene Mauer ersetzte.

Schloss Königsegg, Herrenhaus

Information

Schloss Königsegg:
Mittelzell, Schlossstraße 1. – Die Außenanlagen (Park) und teils auch das Erdegeschoss sind zugänglich.

Schloss Windeck (auch Bürgle):
Niederzell; Parkplatz an der Stiftskirche St. Peter und Paul nutzen. Keine Besichtigung, doch von außen teils einzusehen.

Die Burgen auf dem Rosenegg bei RIELASINGEN

Burg Rosenegg

Westlich von Rielasingen erhebt sich über dem Aachtal das 550 m hohe, in seiner langgestreckten Gestalt jedoch markante Rosenegg, mit spärlichen Resten einer einst bedeutenden Burg sowie einer Wallbefestigung unbekannter Zeitstellung. Am Nordrand des Rosenegg, 1,5 km von Rielasingen, ragen die Reste des Phonolithkegels auf, der die Burg trug. Ihre frühe Geschichte ist ungeklärt. Nach der Burg nannten sich Edelfreie von Rosenegg. Es wurde vermutet, sie seien aus dem Adelsgeschlecht von Rielasingen hervorgegangen. Der erste Herr von Rosenegg ist 1248 urkundlich bezeugt. 1480 starben die von Rosenegg aus. Zu ihrem Besitz gehörten neben der reichenauischen Herrschaft Rosenegg teils eigene Güter im Hegau, Streubesitz im Klettgau sowie Lehen im Thurgau und Zürichgau. Die Herrschaft Rosenegg gelangte 1335 durch eine Heirat an die Herren (später Grafen) von Lupfen. Dass die von Rosenegg eine gewisse politische Bedeutung hatten, verdeutlicht die Tatsache der Übertragung des Landgerichtes zu Konstanz an Hans von *Rosneg* durch den Kaiser. Aufgrund der Verschuldung der Familie kamen 1440 ihre Güter und Rechte in Rielasingen an die von Lupfen. Nach dem Aussterben derer von Rosenegg 1480 fiel ihre Herrschaft auf dem Erbweg an die Grafen von Lupfen. Bis zu deren Aussterben 1582 verblieb die Herrschaft bei diesem Grafenhaus. 1463 belagerten Truppen der Stadt Dießenhofen/Thurgau die Burg drei Tage lang, bis die Stadt Stein am Rhein den Streit zugunsten des Hans von Rosenegg schlichtete. 1499 kam es zur Zerstörung der Burg im Schweizerkrieg. Am 21.2.1499, so berichtet Valerius Anshelm in der ‚Berner Chronik', wurde das *volle und starke Schloß Rosnegg* von Eidgenossen eingenommen und niedergebrannt. Nach der Zerstörung erfolgte offenbar ein Neuaufbau. Mit Graf Heinrich von Lupfen, Landgraf von Stühlingen (†1582) erlosch der Mannesstamm der Grafen von Lupfen. Ihnen folgten 1583 die Freiherren von Mörsberg-Belfort als Besitzer von Rosenegg. Über Gräfin Margaretha von Lupfen (†1588), einer Schwester des Grafen Heinrich, kamen die Herrschaften Rosenegg und Bonndorf an ihren Gatten Peter von Mörsperg-Belfort. Unklarheit über den Lehnstatus der Herrschaft Rosenegg führten zum Konflikt mit dem Bischof von Konstanz: Dieser sah als Inhaber der Reichenau Rosenegg als heimgefallenes reichenauisches Mannlehen. Joachim Christoph von Mörsperg hatte Probleme mit den von der Familie von Lupfen übernomme-

Rosenegg, Burghügel der oberen Burg

Rosenegg, Wall und Graben der Wallburg

nen Schulden; seit 1607 verhandelte er mit dem Bistum über einen Verkauf der Herrschaft mit der Burg. 1608–1610 hatte das Herzogtum Württemberg die Herrschaft Rosenegg mit Rielasingen inne. Nach langen Rechsstreitigkeiten gelang es dem Konstanzer Fürstbischof Jakob 1610, die Herrschaft Rosenegg an sich zu bringen. Bischof Jakob Fugger (reg. 1604–1626) ließ sich die Burg 1617/1618 als Sommersitz ausbauen und verlegte einen Teil seiner Hofhaltung und Amtsgeschäfte hierhin. 1632, im Dreißigjährigen Krieg, wurde Burg Rosenegg von Truppen der Festung Hohentwiel besetzt. Nachdem die Besetzung aufgehoben worden war, kam es 1639 zur Zerstörung der Burg durch Hohentwieler. Gegen Ende des 17. Jahrhunderts begann dann offenbar die Ausschlachtung der Burgruine.

1833 wurde ein Landwirt Eigentümer der Burgstelle mit den umliegenden Äckern und Wäldern. Noch heute gibt es auf dem Burgberg Gehöfte. Ab 1866 wurde auf dem Rosenegg eine Wirtschaft betrieben. In der Heimatliteratur kursieren phantasievolle „Rekonstruktionen" der Burg, doch ist wenig über deren

Aussehen im Mittelalter bekannt. Selbst der Burgberg hat wegen des Steinbruchs nicht mehr die Form einer gerundeten Felskuppe. Die jetzige Sichelform entstand erst durch den Abbruch des Felsens u. a. zum Bau der beiden Gehöfte auf dem Berg. Fast alle „Rekonstruktionen" basieren auf der jetzigen, durch den Steinruch veränderten Form des Burgfelsens!

Information

Burg Rosenegg:
Frei zugängliche Ruine (schöne Aussicht).
Unmittelbar neben der Ruine der „Berggasthof Burg Rosenegg" mit Biergarten, geöffnet dienstags bis sonntags ab 10 Uhr, montags Ruhetag, Tel. 07731-22445.

Von Rielasingen auf der L 222 in Richtung Gottmadingen; Abzweig zur Burg links hinter einem Bauernhof ausgeschildert.

Nach der Zerstörung 1499 wurde die Burg neu aufgebaut. Ihr Aussehen vor dem erneuten Umbau 1617 überliefern Schriftquellen: Danach waren die oberen Geschosse beider Wohnbauten in Fachwerk ausgeführt, die Dächer mit Schindeln bedeckt. Es gab 19 Fenster mit Fensterläden und die Innenräume des Wohnbaues waren holzgetäfelt. Ein Rondell soll die Südostecke besetzt haben. In jenem Zustand befand sich die Burg vermutlich vom Neuaufbau ab/nach 1499 bis zum Umbau 1617. Fürstbischof Jakob Fugger ließ die Burg als Sommersitz und Nebenresidenz ausbauen. Weil der Platzbedarf damit stieg, ließ er 1617 beide

Wohngebäude einschließlich Treppenturm und Rondell um ein Stockwerk in Fachwerk erhöhen. Die Wohnung des Vogtes wurde in den Wirtschaftshof außerhalb der Burg verlegt. Ein Inventar der Burg nach dem Ausbau bietet einen Überblick über die vorhandenen Räume: das große bischöfliche Gemach über der Kapelle, eine kleinere Stube des Bischofs, das Carl-Fugger Zimmer (Carl war ein Bruder des Bischofs), die Zimmer des Hofmeisters, des Rentmeisters, des *Canzlers*, der Hofjunker, der Kammerdiener, der Köche, das große Tafelzimmer, die Kanzlei, die Kaplanei, die Küche, die Küchenstube und verschiedene kleinere Räume.

1626 starb Fürstbischof Jakob. 1628 ließ sein Nachfolger wertvolles Inventar wegen der drohenden Kriegsgefahr aus der Burg nach Konstanz schaffen, darunter 63 Betten mit Zubehör, 35 Tischtücher aus Damast, 70 Servietten, alles Leinen, Damast und *Tischgewandt* aus den Kästen, 36 breite Schüsseln, 48 Teller, 2 große *Aufhebschalen*, 12 Konfektschalen, Trinkbecher, alles mit vergoldetem Stempel.

Von der Vorburg zeugt heute nur noch eine unbebaute, grasbewachsene Plattform hinter dem Gasthaus. Sie ist durch einen tiefen Graben von der Hauptburg getrennt.

Burg Rosenegg auf der Bodenseekarte des Johann Georg Tibian(us) 1578. Ausschnitt unten links, die Burg bezeichnet „Roseneck"

Rosenegg, Burghügel der oberen Burg, ehemals Standort der Hauptburg

Wallbefestigung auf dem Rosenegg

Die Ostspitze des Rosenegg ist durch einen 89 m langen, noch bis zu 3 m hohen und 7–8 m breiten Wall und einen ihm vorgelegten ca. 8,5 m breiten Graben vom Bergplateau abgetrennt. Der Weg durch den Wall entstand in neuerer Zeit. Steile, bis zu 120 m tiefe Böschungen schützen die Seiten der Befestigung. Dies und die gute Erhaltung des Erdwalles wurden als Indizien für eine frühmittelalterliche Entstehung benannt, doch ist die Entstehung in ur- oder frühgeschichtlicher Zeit nicht auszuschließen. Auch die Vermutung, die Wallbefestigung könne der Sitz des für Rielasingen bezeugten Adelsgeschlechtes von *Rülassingen* gewesen sein wurde geäußert.

Information

Wallburg auf dem Rosenegg:
Frei zugängliche Ruine mit schöner Aussicht auf Schiener Berg und Aachaue Richtung Bodensee.
Von der Burg Rosenegg oberhalb der Weide am Steilhang dem Fahrweg zum Wald folgen, knapp 500 m entfernt.

Burgen und Schlösser in SALENSTEIN

Salenstein am Nordosthang des Thurgauer Seerückens fand seine erste Erwähnung 1092 in einer Urkunde, in welcher *Adelbertus de Salenstein* Stiftungen an das Kloster St. Georgen im Schwarzwald bestätigt. Die Landschaft um Salenstein und seine Ortsteile Mannenbach und Fruthwilen ist durch Terrassen und von steilwandigen Bachtälern begrenzte Bergsporne geprägt. Während letztere ideale Burgstandorte bildeten (Salenstein, Niedersalenstein/ Hinterburg, Sandegg, Riederen), boten die Terrassen Bauplätze für Schlösser, Landsitze und Villen. Daraus erklärt sich die Zahl von acht Burgen und Schlössern in der Gemeinde.

Hauptburg des Schlosses Salenstein

Schloss (Ober-)Salenstein

Weithin zu sehen ist die hoch gelegene kleine Burg. Ihre frühe Geschichte ist teils ungeklärt, da sich die in den Urkunden erscheinenden Bezeichnungen Ober-, Nieder-, Alt- und Neusalenstein sowie Vorder- und Hinterburg (s. u.) nicht immer eindeutig einer der beiden Burgen zuweisen lassen, zumal das heute so genannte Schloss (Ober-)Salenstein seinerseits für längere Zeit geteilt war. Die beiden Burgteile hießen Alt- und Neusalenstein bzw. *Alt-* und *Neuschloss*. Es wurde gemutmaßt, zwei Linien der Herren von Salenstein – diese waren Ministerialen der Abtei Reichenau – hätten auf den beiden Burgen gesessen, doch ist die Gründungszeit beider Anlagen noch unbekannt.

1197 erlangte Albrecht II. von Salenstein das Schenkenamt von Reichenau, das er weiter vererbte. Der Letzte der Schenken von Salenstein, Diethelm, verkaufte die Burg 1375 an Heinrich von Helmsdorf. Er selbst zog nach Konstanz. Nach weiteren Besitzern folgte 1440 die Familie Muntprat aus dem konstanzischen Patriziat. Das Schloss, das im 16. Jahrhundert einen freisitzartigen Rechtsstatus hatte, wurde in jenem Jahrhundert mehrfach umgestaltet. Über eine Angehörige des Hauses Muntprat, Margaretha, kam Salenstein 1551 an deren zweiten Ehemann, Michael von Breitenlandenberg. Ab 1560 war Walter von Hallwil der Besitzer, der kinderlos starb. 1611 folgte daher ein mit denen von Hallwil verschwägerter Zweig derer von Breitenlandenberg.

1800 verkaufte Hartmann Friedrich von Breitenlandenberg die *vestin Niederburg* oder *Hinderburg* sowie das Schloss (Ober-)Salenstein jeweils einzeln an Bürgerliche. Der französische Oberst Charles Parquin, der 1822 beide Burgteile gekauft hatte, ließ 1826 das baufälli-

Burg Salenstein, Vorburg

ge Neuschloss abbrechen. Es folgten noch mehrere Besitzer, bevor der sachsen-weimarische Kammerherr Baron Alexander von Herder (†1906), ein Enkel des Philosophen J. G. Herder, 1869 Salenstein erwarb. Er ließ das Schloss im Geiste der englischen Neugotik als Wohnsitz ausbauen.

Nach weiteren Besitzerwechseln kaufte 1959 der englische Schriftsteller und Millionär Norman Budgeon Schloss Salenstein. Im Rahmen der von ihm veranlassten Renovierungen und Umgestaltungen entstand 1968 der gerundete Turm an der Südwestecke der Kernburg, der einen Lift aufnahm. 1979 kam Salenstein an Bruno Stefanini (Winterthur), einen Immobilienhändler, bzw. an dessen ‚Stiftung für Kunst, Kultur und Geschichte‘.

Auf der Spitze des steilen Molassesporns steht die unregelmäßig fünfeckige Hauptburg (Altschloss), deren Südseite vom neugotischen Umbau geprägt ist. Die Kanten der Ringmauer werden von schmalen Bossenquadern gefasst. Auf der Ringmauer sitzen mehrere (Stufen)Giebel der dahinter liegenden Gebäude. Die

äußere Ringmauer, die an der Nordwest- und Südostecke an die Hauptburg anschließt, springt im Nordwesten zu einem Schalenturm aus. An ihrer Südseite erhebt sich ein Turm über zungenförmigem Grundriss („Kapelle"). Der ehemalige Standort des Neuschlosses ist gärtnerisch gestaltet. Eine noch vorhandene Wendeltreppe an der Südseite der Hauptburg verband das Neuschloss mit dieser. Unter den Bauten am äußeren Schlosshof verdienen das Haus Nr. 8, am Runbogenportal des Erdgeschosses 1711 datiert, und das Haus Nr. 14 aus dem 18. Jahrhundert (im 20. Jahrhundert teils verändert) Beachtung.

Niedersalenstein, sog. Hinterburg

Burg Niedersalenstein
(auch Hinterburg)

Auf einem Bergsporn ca. 250 m westlich von Schloss Salenstein stehen, weithin sichtbar, ein Fachwerkhaus und eine -scheune anstelle der mittelalterlichen Burg Niedersalenstein. Mitte des 14. Jahrhunderts gehörte diese nicht mehr den Herren von Salenstein. 1378 verkaufte Rudolf von Wellenberg sie dem Bürger Johannes Huter, Konstanz. Jenem folgte bald die wohlhabende Konstanzer Patrizierfamilie Harzer als Besitzer. 1579 gehörte Walter von Hallwil die Burg, die in einem Zehntbuch 1599 als abgebrochen erwähnt ist. Das heutige Haus, dessen Fachwerk spätestens im 16. Jahrhundert entstanden sein soll, enthält im Kellerbereich mutmaßlich mittelalterliches Mauerwerk. Beiderseits des Burghügels sind Reste von Halsgräben erkennbar.

Burgstall Riederen

Ca. 500 m südlich der Burg Salenstein liegt der Burgstall, ein dreiseitig steil abfallender Sporn am Rand des Rütelitobels. Die vierte Seite sicherte ein tiefer Halsgraben. Die Burg wird mit den 1174/1273 genannten Herren von Riederen, Reichenauer Ministerialen, in Zusammenhang gebracht. Seit 1460 war sie im Besitz der Eidgenossen. Nach 1550 finden sich keine Schriftquellen mehr über die Burg. Gebäudereste sind auf dem Plateau (7–19 m breit, knapp 60 m lang) nicht sichtbar. Auf einen Wirtschaftshof südlich des Grabens könnte eine im 19. Jahrhundert noch vorhandene Scheune verweisen.

Burgstall Riederen, Halsgraben und Burghügel

Schloss Arenenberg

Das bekannteste der Salensteiner Schlösser ist Arenenberg, das heute das „Napoleonmuseum" beherbergt. Es ging aus dem spätmittelalterlichen Sitz *Narrenberg* hervor; dessen Namensgebung scheint ungeklärt. Historische Abbildungen zeigen den Bau umgeben von einer Ringmauer mit Zinnen sowie Flankierungstürmen mit Maulscharten für Feuerwaffen. Mitte des 15. Jahrhunderts gehörte das ursprünglich bäuerliche Anwesen der Patrizierfamilie Breisacher aus Konstanz. Das Herrenhaus ließ 1543 der spätere Konstanzer Bürgermeister Sebastian Gaisberg erbauen. 1585 wurde die *behusung* adeliger Freisitz *(schloss)* mit eigener Gerichtsbarkeit. Ein Kaufbrief aus jenem Jahr nennt erstmals den Namen Arenenberg. Im 17. Jahrhundert kam es zu vielen Besitzerwechseln.

Für 30 000 Gulden erwarb 1817 die einstige Königin von Holland und Frau König Ludwigs, Hortense, das Schlossgut. Hortense de Beauharnais war eine Stieftochter und Schwägerin Kaiser Napoleons I. von Frankreich. Sie richtete auf Arenenberg ihre Exilresidenz ein und lebte hier von 1825 bis zu ihrem Tode 1837. Ihr Sohn Prinz Louis, der später als Napoleon III. Kaiser von Frankreich wurde und seit 1832 thurgauischer Ehrenbürger war, wuchs hier auf. Bis 1837 lebte er auf Arenenberg. 1843 war er gezwungen, das Schloss zu verkaufen, doch erwarb er es 1855 zurück. Nach seinem Tod 1873 wohnte seine Witwe Eugénie im Schloss, die Arenenberg 1906 dem Kanton Thurgau aus Dankbarkeit für das gewährte Asyl schenkte. Im Schloss ein historisches Museum einzurichten und die Nebengebäude gemeinnützigen Zwecken zuzuführen, das waren die letzten Wünsche der Kaiserin (Hauswirt 1964). Seit 1906 diente ein Teil der Nebengebäude als landwirtschaftliches Bildungs-/Beratungszentrum; diesem wurde ab 1969 ein neues Unterrichtsgebäude hinzugefügt.

Im 19. Jahrhundert wurde das Schloss völlig verändert. Hortense ließ die Ringmauer abbrechen und das Herrenhaus zum zeitgemässen Landsitz im französischen Stil umgestalten; die Stufengiebel entfielen zugunsten des Zeltdaches und im Süden entstand ein Anbau („Pavillon"), den Eugénie ab 1874 erhöhen liess. Heute dient das Hauptgebäude als Museum und Napoleon-Gedenkstätte mit Interieurs aus der Zeit der Ex-Königin Hortense, des Prinzen Louis und der Ex-Kaiserin Eugénie. Zur Ausstattung gehören wertvolles Mobiliar, Gemälde und Skulpturen sowie zahlreiche historische Dokumente.

Zu den Gästen, die Hortense auf Arenenberg empfing, gehörten viele bekannte und bedeutende Persönlichkeiten, darunter Dufour, Du-

Schloss Arenenberg, Ölgemälde, 19. Jahrhundert

mas, Lord Byron, Chateaubriand, Holland, Humboldt, Liszt, Pückler und Récamier.

J. Meyer berichtet aus der Glanzzeit der Hofhaltung auf Arenenberg: *Wagen und Reiter kamen und gingen; Generäle und Oberste, Diplomaten und Staatsmänner, Spione und aufrichtige Freunde, Hofleute aller Art, berühmte Schriftsteller und Dichter aus weiter Ferne gingen ein und aus, und ein Kranz schöner Damen belebte die Säle des Schlosses oder erging sich mit feinen Kavalieren im Freien und Blumen und Bäumen* (zitiert nach Hauswirth 1964).

Bemerkenswert ist die frei stehende neugotische Schloßkapelle: 1831/1832 erbaut wurde sie 1855 und 1873 umgestaltet, 1949 rückgebaut und 1981/1986 renoviert. Das Altarbild, ein Triptychon des 15. Jahrhunderts, wurde Jacopo di Paolo zugeschrieben. Aus Paris wurde das Marmorgrabmal der Hortense transloziert, das Lorenzo Bartolini 1845 schuf.

Information

Burgstall Riederen:
Von Obersalenstein auf der Eugensbergerstraße bis zu einer rechts abknickenden Spitzkehre. Dort Wander-Parkplatz. 100 m weiter rechts über die Wiese. Frei zugänglich.

Schloss Arenenberg:
Napoleonmuseum Schloss Arenenberg, CH-8268 Salenstein, Tel. (+41) 71 663 32 60, Fax (+41) 71 663 32 61, www.napoleonmuseum.ch, napoleonmuseum@kttg.ch; geöffnet Mitte April bis Mitte Oktober: montags 14–18 Uhr, dienstags bis sonntags 10–18 Uhr, letzter Einlass 17 Uhr, Mitte Oktober bis Mitte April montags geschlossen, dienstags bis sonntags 10–17 Uhr, letzter Einlass 16.30 Uhr, Führungen nur auf Anfrage. Gastronomie: Bistro Louis Napoléon, April bis Oktober: dienstags bis freitags 11–18 Uhr, samstags/sonntags 10–18 Uhr, Tel. (+41) 71 663 33 33, www.arenenberg.ch. Zahlreiche Veranstaltungen und Sonderausstellungen. Zufahrt von Salenstein her ausgeschildert.

Schloss Eugensberg

Als Eugène de Beauharnais (†1824), der einstige Vizekönig von Italien, seine Schwester Hortense auf Arenenberg besuchte, kam der Wunsch auf, nahebei einen eigenen Landsitz zu erwerben. Er kaufte Güter der ehemaligen Herrschaft Sandegg (s. Burg Sandegg) und ließ 1821 den Schlossbau in eleganten Empireformen beginnen. Eugène und seine Tochter vergrößerten den Besitz durch Ankäufe – das Schloss umgibt ein weitläufiger Park. 1834 veräußerte Prinzessin Eugénie das gesamte Anwesen.

Der Industrielle Hippolyt Saurer aus Arbon, damals Besitzer des Schlosses, errichtete 1916–1918 die beiden Seitenflügel, für welche die Architekten Streiff & Schindler (Zürich) die Pläne lieferten. Sie erhielten eine bemerkenswerte Innenausstattung. Auch der Park wurde damals umgestaltet. Den runden Tempietto im Park entwarf German Bastelmeyer (München). 1949–1988 diente Eugensberg als Erholungsheim des Diakonieverbandes Ländli. Eine Restaurierung sowie eine Umgestaltung des Parks erfolgten 1990/1992, nachdem die Hugo Erb AG das Anwesen 1990 erworben hatte. Von deren Pleite berichteten Zeitungen 2003. Das Schicksal des Schlosses ist demnach ungeklärt.

Von den häufigen Festlichkeiten auf Eugensberg zur Zeit des Prince Eugène berichtet dessen Privatsekretär (Notices Historiques sur le Prince Eugène, um 1830): *Die Bewohner der Umgebung kamen scharenweise herbei, sahen den Banketten zu und mischten ihre Hochrufe in die Klänge der Musik und die Fanfaren, die das Echo von allen Seiten wiederholte* (zitiert nach Hauswirth 1964).

Salenstein mit Schloß Eugensberg im Hintergrund. Aquatinta von Caspar Burckhardt, 19. Jahrhundert

Burg Sandegg

Auf dem Bergsporn gut 400 m nordwestlich unterhalb von Eugensberg liegt ein Garten, von dem aus sich eine der eindrucksvollsten Aussichten über den See mit der Insel Reichenau, die Höri und den Hegau bietet. Der Sporn, den ein Halsgraben und eine Schlucht von den anschließenden Höhenzügen trennen, trug eine Burg, die nach einer spätmittelalterlichen Überlieferung schon im 8. Jahrhundert bestanden haben soll, in Urkunden aber erst ab der 2. Hälfte des 13. Jahrhunderts greifbar ist. Die Burg gehörte der Abtei Reichenau, war vorübergehend (um 1260–1272) im Besitz des Deutschen Ordens, und wurde von der Abtei vor 1350 an die Herren von Alt-Hohenfels verpfändet. Es folgten zahlreiche Verpfändungen, meist an Patrizier aus Konstanz. Spätestens im 16. Jahrhundert setzte der Verfall ein; 1540 galt Sandegg als baufällig. 1575 kam die Burg mit dem zugehörigen Hof und der Niedergerichtsbarkeit an Hans Ulrich Herter von Hertler; sie war ein Freisitz geworden.

Nach Problemen mit Inhabern der Burg zahlte 1603 der Reichenauer Obervogt Dietrich Erkenbrecht von Süßheim die Gläubiger aus und ließ die Burg instand setzen. 1634 existierten ein (Wohn-?)Turm, ein dreistöckiger Wohnbau, die Kapelle St. Gebhard und der Wirtschaftshof jenseits des Halsgrabens. 1671 erwarben die Jesuiten aus Konstanz die Burg, 1693 verkauften sie ans Kloster Muri (AG), dessen Abt Plazidus Zurlauben Sandegg unter hohen finanziellen Aufwendungen herrichten ließ. 1807 veräußerte das Kloster die Burg mit zugehörigem Besitz an einen Landwirt, der 1814 das Schloss abstieß, die Ländereien jedoch behielt. Die neuen Besitzer, Konstanzer Kaufleute, ließen den Turm abbrechen. 1817 erwarb Louise Cochelet, eine „Gesellschaftsdame" der Königin Hortense (s. Arenenberg), Sandegg. Nachdem sie 1822 Oberst Parquin (s. Ermatingen, Schloss Wolfsberg) geehelicht

Burg Sandegg, Hauptburg um 1645 (Merian)

hatte, stand Schloss Sandegg Gästen der Familie Bonaparte zur Verfügung. In der Nacht 2./3.9.1833 brannte das Schloss ab: Eine neue Besitzerin hatte schnell einziehen wollen; zur rascheren Trocknung der Wandfarben war der Küchenofen zu sehr geheizt worden. Heinrich von Kiesow, Besitzer des benachbarten Schlosses Eugensberg, kaufte die Ruine 1843, ließ sie abbrechen und hier einen Garten mit Aussichtsterrasse anlegen. Teile der Ringmauer wurden dabei einbezogen.

Schloss Hubberg
(Ortsteil Fruthwilen)

Auf einer Terrasse über dem Hubertobel steht der Freisitz Hubberg, auch *Hueb* genannt. Der Name wird vom mittelhochdeutschen Wort *huobe* abgeleitet: Als *Hube* oder *Hufe* wird in den Quellen der Inbegriff der Rechte bezeichnet, die ein Vollgenosse einer Dorfschaft an Grund und Boden besaß. Sie umfasste das Eigentum an der Hofstätte (mit Haus und Garten), an dem in den drei Feldern liegenden Ackerland sowie die Nutzungsrechte der Allmend (Hauswirth 1964). Der Familienname Huber geht auf die Hubenverfassung zurück. Die 1377 erstgenannte *Hueb* gehörte dem Kloster Reichenau, ab 1399 dem Chorherrenstift St. Johann in Konstanz. 1580 erwarb sie Gabriel Reichlin von Meldegg; aus der Hueb wurde der Freisitz Hubberg. Das Herrenhaus (1596 *new gebawen hauss* genannt) ließ G. Reichlin von Meldegg, der zumindest bis 1595 hier lebte, oder der 1599 als

Fruthwilen: Schloss Hubberg

Information

Schloss Eugensberg:
Eugensbergerstr. Keine Besichtigung (Privatbesitz).

Burg Sandegg:
Von Mannenbach aus Richtung Louisenberg. Parkmöglichkeit nahe dem Hof Sandegg. Frei zugänglich.

Besitzer genannte Junker Walter Renner von Allmendingen bauen. Im 18. Jahrhundert waren die von Breitenlandenberg hier ansässig. Später wurde aus dem Schloss wieder ein bäuerliches Anwesen. Ab 1953 lebte der deutsche Schriftsteller Hans Leip auf Hubberg, der den Text zum bekanntesten Soldatenlied des Zweiten Weltkrieges schrieb: „Lili Marleen".

Das 1596 erbaute Herrenhaus mit Stufengiebel besitzt zwei Massivgeschosse, das 2. Obergeschoss besteht aus Fachwerk. Das Zwerchhaus an der hofseitigen Längsseite enthält die Öffnung des Speicherbodens. Im Inneren des 1982 restaurierten Schlosses sind barocke Stukkaturen (im Korridor des 1. Obergeschosses Stuckwappen Hartmann Friedrich III. von Breitenlandenberg & Barbara Dorothea Planta von Wildenberg; in der Stubendecke Versuchung Christi) und der Bilderofen erwähnenswert.

Schloss Louisenberg
(Ortsteil Mannenbach)

Auf einer Hangterrasse westlich von Mannenbach, nicht besonders hoch über dem Seeufer, steht das Schloss Luisenberg unterhalb der Aloysius-Kirche. Jene führte einst das Patrozinium Hl. Kreuz. Die wohl 1155 geweihte Kapelle mit Resten bemerkenswerter Fresken soll der Legende nach von einem Salensteiner Ritter gebaut worden sein, der damit seinen Dank für die glückliche Heimkehr vom Kreuzzug zum Ausdruck brachte.

1825 kaufte die verwitwete Großherzogin Stéphanie von Baden (geb. Beauharnais) das 1417 neben der Kirche erbaute Kaplaneihaus (Pfrundhaus). Stéphanie war eine Cousine der auf dem in Sichtweite von hier gelegenen Schloss Arenenberg ansässigen früheren Königin von Holland, Hortense de Beauharnais. Aber erst der folgende Besitzer der Kaplanei, der französische General Marquis Georg Anton Gabriel Henry de Crenay, ließ diese abbrechen und 1835–1836 an dessen Stelle das Schloss erbauen. Nach Louise de Séréville, der Nichte seiner Gattin, wurde es Louisenberg genannt.

1836 berichtete der Historiker Pupikofer: *Das Kaplaneihaus wurde im verwichenen Jahr geschlissen* [„geschliffen", d. h. geschleift], *an dessen Stelle nun ein Herrschaftsgebäude gestellt und der von Natur aus schon romantischen Umgebungen durch künstliche Anlagen neue Reize gegeben* (zitiert nach Hauswirth 1964). Es entstand ein dreigeschossiger klassizistischer Bau über Hochparterre. Der Anbau der Terrasse erfolgte gegen Ende des 19. Jahrhunderts.

Schloss Louisenberg, Herrenhaus

Burgen und Schlösser in SINGEN (Hohentwiel)

Im heutigen Stadtgebiet von Singen (Hohentwiel) lassen sich über 20 Burgen, Schlösser und Befestigungen nachweisen, darunter allein acht im Stadtteil Bohlingen und das Wahrzeichen des Hegaus, die Burg Hohentwiel. Drei Bohlinger Burgen und der Hohentwiel werden daher in eigenen Kapiteln gewürdigt.

Im heute weitgehend überbauten Niederhofgelände südlich des Hauptbahnhofes stand die Burg Niederhof. In einer Urkunde Abt Davids von Kloster St. Georgen in Stein am Rhein findet sich 1503 ein Hinweis auf einen *Burgstall*, d. h. eine aufgegebene (verfallene?) Burg. Eine Zeichnung des Ing. Elias Gumpp von 1644 zeigt hingegen die Abbildung des Schlosses Niderhoffen außerhalb Singens. Dargestellt ist ein zweigeschossiges, an zwei gegenüberliegenden Ecken mit Türmen besetztes Herrenhaus. Rechts daneben liegt wohl die Vorburg. Baureste der Burg sind nicht bekannt.

Singen, Oberes Schloss

Singen, Unteres Schloss, Herrenhaus, Hofseite

Singen, Unteres Schloss, Herrenhaus, Blick über die Aach

Unteres Schloss
(Schloss Walburgishof/Walpurgenhof)

Der Walburgishof auf der Aach-Insel am Rand des „alten Dorfes" Singen wurde ab 1783 als Tabakmanufaktur errichtet. Infolge wirtschaftlicher Probleme kaufte ihn 1795 Graf Enzenberg, Singens Ortsherr. Nachdem er die Manufaktur ursprünglich weiter veräußern wollte, ließ er sie später zum Wohnsitz umgestalten – die Fabrik wurde zum Schloss, während es vielerorts zu jener Zeit umgekehrt war!

Das Schloss beabsichtigte der Graf an französische Emigranten zu vermieten, die wegen der Revolution aus ihrer Heimat geflohen waren. Später sollte es Witwensitz seiner Gattin werden (daher Walpurgenhof). Die gräfliche Familie scheint das Schloss nur selten bewohnt

zu haben und dachte bereits 1806 an Verkauf. 1825 wurde das Schloss wieder zur Manufaktur, erst zur Steingutfabrik, 1838 zur Zuckerfabrik. Heute beherbergt das Herrenhaus Wohnungen und Theaterproberäume/-lager. Anstelle der Nebengebäude befindet sich die Musikschule.

Die Entwürfe zum Umbau der *Fabrique* in ein Schloss lieferte der Hochfürstl. Konstanzische Baudirektor Joseph Ferdinand Bickel (1752–1819), ein Schüler des bedeutenden Architekten Pierre Michel d'Ixnard. Zu den Räumen im schlichten klassizistischen Herrenhaus gehörten ein Kapellenzimmer, das Arbeitszimmer des Grafen, das Tafelzimmer, Sitz- und Spielzimmer, Schlafzimmer für die alte Herrschaft, für die junge Gräfin und ihre Kammerjungfrau sowie Gastzimmer.

Information

Unteres Schloss (Schloss Walburgishof/Walpurgenhof):
Auf der „Musikinsel" in der Aach gelegen. Hof frei zugänglich.

Oberes Schloss, Gartenseite

Oberes Schloss

Das neue Schloss ging aus dem Amtshaus, dem Sitz der Singener Obervögte, hervor. Jenes war im frühen 16. Jahrhundert erbaut, im Dreißigjährigen Krieg zerstört und vor 1660 als vierstöckiges Gebäude auf den Grundmauern des Vorgängerbaues neu ausgeführt worden. Wohl ab 1807 entstanden Pläne für ein Schloss anstelle des Amtshauses, die nicht ausgeführt wurden. Graf Franz II. Joseph von Enzenberg beauftragte schließlich den späteren Stadtbaumeister von Schaffhausen Hans Konrad II. Vogler (1772–1826) mit der Planung. In baulicher Verbindung mit den vom Amtshaus übernommenen Teilen (Gewölbekeller, Teil des vorderen Baues in Erdgeschosshöhe) entstand ab 1809 das dreigeschossige, annähernd quadratische Schloss (7:7 Achsen) mit Mansarddach; im August 1809 stand der Dachstuhl. Bemerkenswert ist, dass für das Dach das Holz von 429 Baumstämmen verwendet wurde. In der Großform ist das Schloss als Barockbau zu charakterisieren, wenn auch zahlreiche klassizistische Details auffallen (Stuckdecken, Treppengeländer, Türen etc.).

Zu den Nebengebäuden gehörten ein neues Arresthaus mit zwei Räumen (1808), ein *Glashaus* (wohl eine Orangerie im Park), Remise, Torkel und Gartenmauer. Um 1850 entstand der Teepavillon im Schlosspark, einem Englischen Garten. Im Februar 1940 wurde die Orangerie abgebrochen.

Das Hegau-Museum im Schloss entstand 1950; es gehört zu den bedeutendsten seiner Art in Deutschland und zu den größeren Regionalsammlungen archäologischer Funde in Baden-Württemberg. Zu den Exponaten der Ausstellung, die mit der Altsteinzeit (um 13 000 v. Chr.) beginnt und mit den Alemannen (um 800 n. Chr.) endet, gehören 15 000 Jahre alte Werkzeuge, Waffen und Artefakte aus dem Hegau, hallstattzeitliche Keramik und Schmuck aus Alemannengräbern. Zudem verfügt das Museum über eine geologisch-paläontologische Abteilung.

Ein Teil des Schlosses dient als Wohnung des heutigen Besitzers, Dr. Felix Graf Vetter von der Lilie.

Schlössle Meldegg
(Stadtteil Beuren an der Aach)

Am Südostrand von Beuren steht auf der durch einen Mühlkanal künstlich geschaffenen Insel in der Aach das vielleicht aus einer Wasserburg hervorgegangene Schloss. Daneben liegt die heute nicht mehr betriebene, modern umgebaute Wassermühle. Die Entstehungszeit des Schlosses ist unbekannt, ebenso der Gründer.

Im Spätmittelalter gehörte Beuren den Herren von Möggingen. Von jenen kam es an die Adelsfamilie Reichlin von Meldegg, die 1554–1677 die Ortsherrschaft innehatte. Auf

Schlössle Meldegg, Herrenhaus mit Treppenturm

sie geht der volkstümliche Name Schlössle Meldegg zurück. 1663 kam das Schloss in den Besitz des Johann Baptist von und zu Hornstein zu Beuren (1629–1675). Johann Baptist verzichtete zu Gunsten seines jüngeren Bruders Johann Heinrich auf die verschuldete Herrschaft Hornstein. Er heiratete 1663 Anna Reichlin von Meldegg (†1677) und übernahm so den Meldeggschen Besitz Beuren. Johann Baptist führte nach der Heirat den Namen „von und zu Hornstein zu Beuren". Beide Eheleute wurden in Beuren beigesetzt. Nach dem Ende der Herrschaft der Reichlin von Meldegg kam es zum häufigen Wechsel der Schlossbesitzer.

Das Schloss wird 1568 zuerst erwähnt, doch spricht die Struktur der Anlage auf einer künstlichen Insel für eine frühere Entstehung als Wasserburg. Insofern ist die Vermutung, die Herren von Möggingen hätten hier ihren Sitz gehabt, nahe liegend. Im 19. Jahrhundert kam es zu weitreichenden Umgestaltungen der Schlossanlage, die sich noch 1761 u.a. aus dem Herrenhaus, der Hofreite, einem Bauernhaus, einer Scheune, Ställen und Schütten zusammensetzte. Die meisten Gebäude scheinen im 19. Jahrhundert abgebrochen worden zu sein. Um 1847 erfolgte die Einrichtung einer Gastwirtschaft im Schloss, die bis 1981/1982 bestand.

Der mit einem Mansardsatteldach gedeckte dreistöckige Wohnbau des Schlosses mit seinem runden Treppenturm und verschiedenen Anbauten steht heute frei in einem Garten.

Information

Oberes Schloss:
Am Schlossgarten 2; Parkplatz am Rathaus daneben.

Archäologisches Hegau-Museum im Schloss geöffnet dienstags bis samstags 14–18 Uhr, sonntags 14–17 Uhr, Montags geschlossen; Führungen nach telefonischer Vereinbarung, Tel. 07731/85267. Schlosspark nicht zugänglich.

Schlössle Meldegg (Stadtteil Beuren an der Aach):
Von Singen auf der L 189 über Friedingen; Parkplatz an der Pfarrkirche. Fußweg am Aachufer. Keine Besichtigung; das Schloss ist jedoch von fast allen Seiten gut zu überblicken.

Friedinger Schlössle
(Stadtteil Friedingen)

Oberhalb von Friedingen steht die Burg auf einem aus Gestein der oberen Meeresmolasse bestehenden Berg. Der Ausblick über das Hegau-Bergland und den Zeller See mit der Insel Reichenau bis zu den Alpen (Säntis, Jungfrau, Mönch und Eiger, bei sehr guter Sicht Montblanc) ist äußerst eindrucksvoll.

Die Burg erbauten um 1170/1180 die Herren von Friedingen. Kurz danach errichteten sie mit der Burg (Hohen-)Krähen eine zweite Burg im Hegau. Die Wurzeln der Familie reichen vor das 12. Jahrhundert zurück: Es wurde erschlossen, dass sie Nachkommen der udalrichingischen Grafen von Bregenz waren. Burg Friedingen entstand auf Reichenauer Gebiet. 1201 erscheint *Heinricus* von Friedingen urkundlich als Vogt zu Radolfzell. Mit der Vogtei erlangte er das einträgliche Meieramt über die Marktsiedlung Radolfzell. Spätestens im 14. Jahrhundert war die Burg eine Ganerbenburg, d.h. sie war zwischen mehreren Besitzern aufgeteilt. Der wirtschaftliche Niedergang derer Familie war in der 2. Hälfte des 15. Jahrhunderts so vorangeschritten, dass sie gezwungen war, einen Teil ihrer Stammburg und des Dorfes Friedingen an die Herren von Bodman zu verkaufen.

In den 1440er Jahren kam es zu Fehden mit den Eidgenossen, 1479/1481 zur Friedinger Fehde gegen die überlegenen Grafen von Württemberg. Letztere führte fast zum Krieg zwischen Württemberg und Österreich, der durch Intervention des Kaisers verhindert wurde. 1512 kam es erneut zu einer großen Fehde. Gegner waren die oberschwäbischen Städte bzw. der Schwäbische Bund. Durch den Bund wurde die friedingische Burg Hohenkrähen zerstört. 1539 erwarb die Stadt Radolfzell die 1476 von den Friedingern an die Herren von Bodman verkauften Anteile an der Burg und am Dorf. Am 13.3.1544 konnte Radolfzell die Burg ganz an sich bringen.

Im Dreißigjährigen Krieg wurde Burg Friedingen 1632 unter dem württembergischen Oberst Rauh geplündert und 1635 auf Befehl des Kommandanten der benachbarten Festung Hohentwiel, Konrad Widerholt, zerstört. Der Neuaufbau der Burg durch die Stadt Radolfzell erfolgte wohl 1651. In einem Lehnsbrief bestätigte der Großherzog von Baden 1816 der Stadt Radolfzell den Besitz der Burg mit Zubehör. Der Großherzog erwartete, dass *Bürgermeister, Rath und Gemeinde zu Radolfzell und ihre Nachkommen uns und danach unsern Erben das Schloß Friedingen jederzeit offen und daneben in guten baulichen Wesen und Ehren erhalten, uns und die unseren darein und dar-*

aus lassen und darin erhalten, niemand ausgenommen, doch in unseren Selbstkosten und ohne ihren merklichen Schaden. Bis heute blieben die Burg und der zugehörige Gutshof sowie ein großer Teil der einst zur Burg gehörigen Gemarkung und der Waldungen Besitz der Stadt Radolfzell. Wohl seit dem Neuaufbau der Burg bis 1915 war sie Sitz eines Rebmannes, der die Reben an der Schlosshalde betreute.

Das Friedinger Schlössle war wegen der schönen Aussicht ein spätestens zu Beginn des 20. Jahrhundert beliebtes Ausflugsziel. Daher wurde 1913–1915 eine Wirtschaft im Rittersaal der Burg eingerichtet. 1918 pachtete Dr. Hans Curtius, der Besitzer des Weiherhofes bei Böhringen, die Burg, um sie als Sommersitz für seine Familie zu nutzen. 1919 wurde ein Pachtvertrag auf 25 Jahre abgeschlossen. Curtius ließ die Burg durch den Schweizer Architekten Vicol Hartmann umbauen: Es entstanden der Laubengang (fälschlich „Wehrgang" genannt) und die angeblich „romanischen" Fenster als Aussichtsöffnungen in der Ringmauer. Das Innere der Burg wurde nach Planungen Hartmanns gestaltet, mit Kachelöfen ausgestattet und ausgemalt. 1935 wurde der Pachtvertrag um 25 Jahre verlängert.

1957 wurde die Burg unter Denkmalschutz gestellt und 1963 umfassend renoviert. Heute dient sie als Restaurant.
Die langgestreckte Gipfelburg setzt sich aus der Hauptburg und der ihr östlich vorgelegten Vorburg zusammen. Einen Eindruck von der Burg und ihrem Umfeld zu Beginn des 20. Jahrhunderts, der weitgehend dem heutigen entspricht, vermittelt der Burgenforscher Eduard Schuster in seinem Buch ‚Die Burgen und Schlösser Badens' (1908): *Eine schöne Rebanlage zieht sich auf der Südseite vom Schloß*

Burg Friedingen, Luftaufnahme, AG Hegau

den Berg hinunter, wo auf einem tieferliegenden Vorsprung der sogenannte Schloßhof und weiter südlich der Neuhof steht; nördlich vom Schloß liegt das sogen. Leprosenhaus. [...] Dichter Efeu bedeckt die hohe Mauer an der Angriffsseite (Westseite) und verleiht beson-

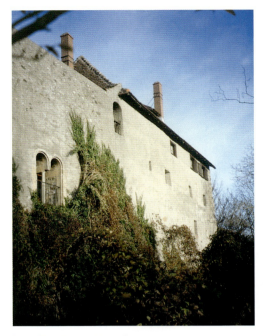
Burg Friedingen, Hauptburg mit „romanischem" Fenster von 1919

ders diesem Teil ein höchst malerisches Aussehen. Auf dem ebenen Platz südlich vom Tor, das von staffelförmig abfallenden Flügelmauern beiderseits flankiert ist, dürfte wohl die Vorburg gestanden haben. Das ganze bietet noch das gute Bild einer kleinen mittelalterlichen Burganlage.

Die Hauptburg umläuft ein aus dem Fels gearbeiteter Graben, der beim Umbau 1919 teils zugeschüttet wurde. Die 6–8 m hoch erhaltene Ringmauer ist, so Kraus 1887, *schlecht aus Geröllen aller Art, Phonolithtuffbrocken vermischt mit Backstein hergestellt und an den Ecken mit Quadern von Molasse- und gelbem Sandstein armirt.* Im Westteil der Ringmauer, über der Gaststätte, sind Steine vereinzelt in Fischgrät-Technik (*opus spicatum*) gesetzt. An einigen Stellen der Ringmauer (v. a. im Nordosten der Feldseite) sind Rüstlöcher erkennbar, in denen die mittelalterlichen Baugerüste verankert waren. An der Südostecke erhebt sich das Wohnhaus, ein Produkt mehrerer Umbauten, das als Kern einen Wohnturm enthalten mag, was der Erdgeschoss-Grundriss und der Versprung der Außenmauer an der Südseite nahelegen. Die Hofwand des Wohnbaues ist im 1. und 2. Obergeschoss hofseitig in überputztem Fachwerk ausgeführt. Kleine Fenster verteilen sich unregelmäßig über die Fassaden. Das Dach des dreistöckigen Baues ist auf der Westseite als Walm, auf der Ostseite als Krüppelwalm ausgebildet. Stuck- und Balkendecken, Wandgemälde und Kachelöfen sind im Inneren z. T. erhalten. Der Saal im 2. Obergeschoss (Rittersaal, Ahnensaal) ist mit einer bemalten Kassettendecke und einem Kachelofen ausgestattet. Dass dieser Wohnbau der einzige war ist unwahrscheinlich, da die Burg

Schloss Schlatt, Gartenfassade des Herrenhauses

vom 14. bis zum 16. Jahrhundert eine Ganerbenburg war.

Auf dem ca. 30 m langen, der Hauptburg östlich vorgelagerten Fels stand wohl die Vorburg, von der geringe Mauerreste erhalten blieben. Abbruchspuren am Felsen lassen den Abbau von Steinen erkennen, d. h. die Vorburg wurde zur Gewinnung von Baumaterial abgebrochen. 150 m südöstlich unterhalb der Vorburg liegt der Schlosshof genannte Wirtschaftshof der Burg.

Schloss Schlatt
(Stadtteil Schlatt unter Kähen)

In einer Niederung am westlichen Ortsrand liegt das Schloss in einem Park. Wiederholt geäußerte Vermutungen, es sei aus einer Wasserburg hervorgegangen, wurden durch Forschungen von Dr. Franz Hofmann 2000 widerlegt. Voraus ging eine *Behausung* des Hans Ernst von Reischach; 1539–1592 saßen die Herren von Reischach-Mägdeberg in Schlatt. Das Schloss entstand wohl ab 1592, nachdem Hans Ludwig von Bodman Schlatt erworben hatte. Ab 1594 nannte er sich von Bodman zu

Schlatt. In den Schlossbau wurden möglicherweise Teile der um 1574 erbauten *Behausung* derer von Reischach einbezogen. Nachfolgende Besitzer waren die Familien von Raitenau (1606–1619), Ebinger von der Burg (1619–1785), Lenz von Lenzenfeld (1785–1790) und von Bodman (1790–1816). Ab 1797 wurde der damals fast ruinöse Bau umgestaltet. Seit 1834 wohnte hier die zuvor in Immendingen ansässige Familie von Reischach; ab 1816 besitzt sie das Schloss. Heute ist Patrick Graf Douglas von Reischach der Besitzer.

Das zweistöckige Herrenhaus ist an den Ecken mit achteckigen Türmen besetzt. Nachdem sie beim Umbau 1797 Pultdächer erhalten hatten tragen sie, in Annäherung an den vermuteten Ursprungszustand, heute Achteckhelme. An der Ostseite des Schlosses finden sich Reste der 1970 freigelegten Renaissance-Fassadenbemalung (illusionistische Pilaster, Fensterbekrönungen etc.). Das Innere der beiden oberen Geschosse wird jeweils durch einen Mittelflur erschlossen. Zwei Dachböden unter dem Satteldach dienten als Lagerräume. Im Untergeschoss gibt es einige gewölbte Räume. Das Schloss mit den vier Ecktürmen verkörpert ei-

nen vom späten 15. bis zum frühen 17. Jahrhundert weitverbreiteten Typus, der den spätmittelalterlichen Kastellburgtypus tradiert (vgl. Reichenau: Schloss Königsegg).

Information

Friedinger Schlössle (Stadtteil Friedingen):
Gaststätte Friedinger Schlössle, Familie Weber, 78224 Singen,
Tel. 07731-43828, Fax -43052,
e-Mail: FriedingSchloessle@t-online.de.
Geöffnet täglich außer montags ab 10 Uhr. – Anfahrt von Singen auf der L 189 bis Friedingen, im Ort ausgeschildert. Parkplätze 300 m unterhalb der Burg und 100 m vom Tor.

Schloss Schlatt (Stadtteil Schlatt unter Kähen):
Von Mühlhausen auf der K 6120; Parkplatz am Sportplatz. Keine Besichtigung, doch ist der Garten teils einzusehen und das Schloss zu überblicken.

Burgen und Schlösser in STECKBORN

Das Wahrzeichen von Steckborn am Untersee ist die Burg Turmhof. Dass es daneben einige andere Burgen und Schlösser in Steckborn gibt, ist den meisten Touristen nicht bekannt. Die Stadt liegt am Untersee, ca. 14 km westlich von Konstanz. Nach Besiedlung in der Pfahlbauzeit wurde die Landzunge im 6. Jahrhundert n. Chr. erneut besiedelt. Erst im 12. Jahrhundert fand der Ort dann urkundlich Erwähnung. Seit jener Zeit sind die Herren von *Stecheboron* als Ortsadelige und Ministerialen des Klosters Reichenau bekannt; nach 1300 starben sie offenbar aus. Steckborn war ein Marktort, der sich um 1300 zur Stadt entwickelte. 1290 wurde das Recht zur Befestigung verliehen; 1451 ist in einer Urkunde die Ringmauer (*ringkmur*) erwähnt. Bemerkenswert ist der nordwestliche Eckturm nahe dem Alten Schloss mit seinem Sockel aus großen Findlingen, der 1451 zuerst erwähnt wurde.

Steckborn, Burg Turmhof, Seeseite

Steckborn, Neues Schloss, Straßenseite

Turmhof

Die Burg entstand, so das Ergebnis dendrochronologischer Untersuchungen, früher als lange angenommen: Kurz nach 1280 ließ offenbar der Reichenauer Abt Albrecht v. Ramstein den Bau beginnen. Lange war die Burggründung Abt Diethelm von Castell (reg. 1306–1343) zugeschrieben worden. Vielleicht ließ Diethelm den Bau umgestalten. 1458–1639 wechselten die Besitzer des Turmhofes oft. Der Familie Deucher gelang es 1521, die Anerkennung des Anwesens als Freisitz mit Jagdprivileg beim thurgauischen Landgericht zu erreichen. Damit war dieses der reichenauischen Gerichtsbarkeit entzogen. Um 1587/1601 war eine Renovierung dringend notwendig; 1602 wurde der Treppenturm angefügt (daran erneuertes Wappen des Hans Ulrich von Wyden-Hausen, 1615). Das markante Dach des Wohnturmes mit gotisierenden Ecktürmchen wurde um 1614 in dieser Form augesetzt. 1639 verkaufte Ulrich Deucher, Wirt des Gasthauses „zum Löwen", den Turmhof der Stadt. Nachfolgend diente er als Schule, später als Armenhaus. Um 1650 ließ die Stadt das Kaufhaus und das Zeughaus (Seestr. 82/84) daneben erbauen. 1902 kam der Turmhof an die evangelische Kirchengemeinde, die 1922/1923 eine Renovierung durchführte. Eine Außenrestaurierung erfolgte zuletzt 1976/1981. Seit 1934 beherbergt der Turmhof ein Heimatmuseum, das archäologische Funde, Handwerksgeräte, Dokumente zur Geschichte der Steckborner Öfen und Zeugnisse des städtischen Gewerbefleißes präsentiert (Stäheli 2003). Im 1. Obergeschoss des Turmhofes ist der Steckborner Kachelofen aus der Werkstatt von Johann Heinrich II. Meyer (um 1760) zu erwähnen.

Im Frühjahr 2003 wurde die Stiftung Turmhof ins Leben gerufen, die ein Sanierungs- und Nutzungskonzept für den Turmhof und angrenzende Bauten entwickelt. Für 7 Mill. Franken soll nun der Turmhof saniert werden, um mittelfristig zum Zentrum eines Museumsbezirkes innerhalb der geplanten, von Schaffhausen bis Konstanz reichenden „Kulturschiene Untersee-Rhein" zu werden.

Schlösser im Stadtgebiet

Außer dem **Burgstall** als ehemaligem Standort einer mittelalterlichen Burg oberhalb des Stadtkerns gibt es mehrere Schlösser in der Altstadt. Einander gegenüber stehen das **Alte Schloss** (Seestr. 124), auch Schlössli genannt, ein Bau mit straßenseitigem Stufengiebel, der im Kern vermutlich der 2. Hälfte 16. Jahrhundert angehört, und das seit 1754 so genannte **Neue Schloss** (Seestr. 121), ehemals „Haus am Bach". An letzterem finden sich die Kopie eines Wappensteins von 1723 und eine Sonnenuhr in Rokokorahmung. Im Inneren gibt es einen mit der Jahreszahl 1628

Steckborn, Altes Schloss, Gesamtansicht; rechts Ecke des Neuen Schlosses

versehenen Cheminée (schweizerisch = offener Kamin) mit den Wappenschilden Hausmann und Labhart und einem Renaissancegiebel.

Das **Schlössli** (Wolfkehlenstr. 13), ein Bau des 18. Jahrhunderts mit Mansardwalmdach, ging möglicherweise aus einem herrschaftlichen Rebmannshaus hervor.

Schloss Glarisegg

Zwei km westlich der Stadt steht auf einer Hangterrasse über dem See das Schloss Glarisegg. 1574 hatte Junker Heinrich von Liebenfels die Genehmigung zum Bau eines Hauses an dieser Stelle erhalten, für das er 1597 beim Obervogt von Reichenau den Rechtsstatus eines Freisitzes beantragte, doch scheiterte dies offenbar am Widerstand der Bürgerschaft. 1639 brannten das Haus und einige Nebengebäude ab. Das Haus soll neu aufgebaut worden sein, sein Status blieb weiter ungeklärt. 1692 wird es dann als *guet und schloss* Glarisegg bezeichnet. Nach mehreren Besitzerwechseln kaufte 1773 der aus einer Steckborner Familie stammende Bankier Daniel Labhart (Paris) das Anwesen. Er ließ ab 1774 nach Plänen von Franz Anton Bagnato das heutige Herrenhaus errichten, verstarb jedoch während der Bauzeit. Vermutlich ließ sein Bruder das Schloss für Labharts Kinder fertig stellen, das um 1779 eine Gruppe von *vylantropinern* (Philanthropen) um Christoph Kaufmann pachtete. Im selben Jahr besuchte angeblich Goethe auf seiner Schweizer Reise Schloss Glarisegg, traf aber Kaufmann nicht an. Er soll daraufhin folgenden Vers an die Haustür geschrieben haben: *Ich hab – als Gottes Spürhund frei –/Mein Schelmenleben stets getrieben;/Die Gottesspur ist nun vorbei,/Und nur der Hund ist übrig geblieben* (zitiert nach Hauswirth 1964). Die Tochter des Bauherrn Maria Labhart erhielt 1783 endlich das Freisitzprivileg für Glarisegg. 1791 wurde Baron Carl Alexander Ifflinger der

neue Schlossherr. Nach zwei weiteren Besitzern folgten 1806–1843 Graf Hermann von Elking und 1843/1845–1891 der Fürst von Schaumburg-Lippe als Eigentümer. 1901 kam das Schloss an den Schulreformer Werner Zuberbühler, der hier 1902 zusammen mit Wilhelm Frei ein Landerziehungsheim für Knaben einrichtete, aus dem mehrere bedeutende Persönlichkeiten hervorgingen. Zu jenen zählt Carl J. Burckhardt (1891–1974), der Glarisegg als *glückhaften Port am Bodensee* bezeichnete. Prägend für die Landerziehungsheime war die Ablehnung der damaligen bürgerlichen Erziehung sowie der Anspruch, die Gesellschaft zu reformieren und eine selbständige Jugendkultur aufzubauen. 1987–2001 bestand eine Waldorfschule im Schloss. 2003 ersteigerte die ‚Schloss Glarisegg AG' den Besitz, die zum Kauf und Betrieb des Anwesens vom Verein ‚Projekt Schloss Glarisegg' gegründet wurde, der hier einen *Ort der Einheit* und ein *Zentrum für Bewusstseinsarbeit und Persönlichkeitsentfaltung* schaffen will (Südkurier 27.10.2003).

Das spätbarocke/frühklassizistische Herrenhaus präsentiert sich als dreigeschossiger, quergelagerter Baukörper, an den Längsseiten je fünfachsig gestaltet. Die Louis-XVI-Fassade (Stäheli 2003) zeigt eine schmale, von Lisenen gerahmte Mittelachse, die ein Dreiecksgiebel mit dem Labhart-Wappen krönt. Über dem Portal zu finden sind Blumengewinde und Medaillons. Eine Außenrestaurierung fand zuletzt 1975/1976 statt. Dabei wurden die gemalten Eckquaderungen erneuert. Im Innern verdient die schwere Balustertreppe Beachtung. Im 1. Obergeschoss gibt es zwei Salons mit Stuckdecken und stuckierten Ofennischen. An das Schloss grenzt östlich die 1794 angelegte Parkterrasse, zu der ein Eckpavillon gehörte. Zuberbühler veranlasste 1904 den Bau des Speisesaales mit Treppenhaus und Turmzimmer an der Südseite des Herrenhauses. 1907 folgte der Bau des Ostflügels und 1910/1911 der Bau des Schulhauses. Neben dem Schloss

Schloss Glarisegg, Herrenhaus

Schloss Glarisegg, Eingangsseite

entstand so ein beachtliches Ensemble historischer bzw. Heimatschutz-Bauten, die teils Jugendstilelemente zeigen.

Berlingen

An der Straße von Steckborn liegt, rechterhand, ca. 750 m vor Berlingen, der *Burgstock Tal*. Es handelt sich vermutlich um eine (hoch-)mittelalterliche Spornburg, deren Geschichte unbekannt ist. Hans Ulrich Hausmann, Bürgermeister von Steckborn, erwähnt 1662 die Relikte einer *starckhen burg*. Die Burgstelle ist frei zugänglich. Die bewaldete, abgeflachte Kuppe liegt oberhalb eines nach Westen abfallenden Rebhanges. – Das Haus Schwedenburg (Bachstr. 22) in Berlingen enthält wohl mittelalterliches Mauerwerk einer Burg.

Information

Schloss Glarisegg AG, Steckborn:
Tel. (+41) 7702188, Fax (+41) 7702190,
www.schloss-glarisegg.ch.
Das Schloss liegt 2 km westlich von Steckborn (Richtung Mammern) unmittelbar oberhalb der Seeuferstraße.
Parkplatz an der Zufahrt; nur Außenbesichtigung.

Burgen in STEIN AM RHEIN

Stein am Rhein mit Burg Hohenklingen und Kloster St. Georgen

Burg Hohenklingen

Burg Hohenklingen, Feuerwaffenscharten am Zwinger

Burg Hohenklingen

Die über Stein am Rhein gelegene Burg vermittelt scheinbar das Bild einer seit dem Spätmittelalter unveränderten Burg. Zwar blieb sie tatsächlich weitgehend „unzerstört", doch schaut man auf Details, so finden sich viele Zutaten späterer Jahrhunderte. Selbst viele der Scharten sind nicht mehr original, sondern wurden 1895/1898 eingesetzt. Trotzdem bietet Hohenklingen die Möglichkeit, Eindrücke von einer spätmittelalterlichen Burg zu erhalten. Die Burggründung erfolgte wohl um 1100, ein Ausbau um 1170/1210. Nach dem Aussterben der Herzöge von Zähringen 1218 und dem Übergang ihres Besitzes ans Reich erhielten die Herren von Klingen sie vom Kaiser als Reichslehen. Aus dem Jahre 1267 stammt die erste bekannte Nennung der Burg; sie ist im Besitz der Herren von Clingen ob Stein. 1359 verkauften Ulrich IX. und Walter VIII. von Hohenklingen wegen Verschuldung den *halben tail der gantzen Herschaft zuo der Hohen Klingen und der Statt ze Stayn* mit dem daran gebundenen Besitz an die Herzöge Rudolf, Friedrich, Albrecht und Leopold von Österreich. 1395 gestattete der König Walter von Hohenklingen und seinen Erben, in Stein am Rhein Zoll für die Wasser- und Landwege zu erheben. Wegen Verschuldung verkaufte 1419 Ulrich X. von Hohenklingen seinen Anteil an der Herrschaft an Kaspar von Klingenberg. Der Ausverkauf und der Niedergang der Herrschaft waren nicht mehr aufzuhalten. 1433 verkaufte schließlich Ulrich XI. den übrigen

Teil der Burg, seinen Anteil an der Stadt und der Klostervogtei mit der Hälfte des Zolles und das jeweils österreichische Viertel von Burg und Stadt an Kaspar von Klingenberg. Schon 1457 waren die von Klingenberg gezwungen, Burg und Stadt zu veräußern: Rat, Richter und Bürger der Stadt waren die Käufer; Stein am Rhein wurde eine Freie Reichsstadt. Die Burg unterstand nun einem als Verwalter eingesetzten Burgvogt. Zwei Jahre später schloss die Stadt ein Schutzbündnis mit Zürich und Schaffhausen; sie kam so in den Kreis der Eidgenossen. Um 1499 wurde die Burg eine Hochwacht: Sie bildete zusammen mit weiteren hochgelegenen Wachtposten (s. Klingenzell) ein militärisches Frühwarnsystem und eine Brandwache. Im Schweizerkrieg, 1499, war Hohenklingen als wichtiger militärischer Posten von Zürcher Truppen besetzt. Zürich lieferte Hakenbüchsen und leichte Geschütze. Bürger aus Stein wurden im Krieg zur Verstärkung der Besatzung herangezogen. Um diese Zeit und vermutlich auch im 1. Viertel des 16. Jahrhunderts wurde die Burg der neuen Waffentechnik angepaßt. Sie behielt als Grenzposten der Eidgenossenschaft im 16. Jahrhundert ihre militärische Bedeutung. Auch im 17. Jahrhundert war Stein in militärische Ereignisse verstrickt. 1632/1647, im Dreißigjährigen Krieg, war die Stadt im Kontext der Belagerung von Konstanz und der fünf Belagerungen der Festung Hohentwiel mehrfach durch Truppeneinquartierungen belastet.

Nachdem die Stadt in vergangenen Jahrhunderten mehrfach auf militärische „Bruderhilfe" aus

Zürich angewiesen war, kam es im 18. Jahrhundert zu Spannungen zwischen den Städten, die zur Androhung der Bürgerschaft Steins führte, sich wieder dem Kaiserreich anzuschließen. Am 9.3.1784 besetzen Zürcher Truppen, 750 Mann und 50 Dragoner mit vier Kanonen, Stadt und Burg. Während der Koalitionskriege fielen Stein und die Burg dann 1800 ohne Kampf an französische Truppen. Durch die Aufgabe der Hochwacht 1838 verlor die Burg ihre militärische Aufgabe.

In den 1860er Jahren erwog der Stadtrat nach Teileinstürzen, gefährdete Mauerpartien abzutragen. Maßnahmen zur Erhaltung der Burg ergriffen 1893 der Verein für Erhaltung schweizerischer Altertümer und der Hohenklingen-Verein. Sie konnten baufällige Bereiche der Burg retten und die dazu nötige Finanzierung organisieren. Eine Gesamtsanierung fand 1895–1898 statt. 1923 ließ das Schweizerische Landesmuseum eine Waffensammlung einrichten. 1945 kam es zu einer umfangreichen Renovierung des Burginneren, nachdem bereits 1926 die Eidgenössische

Burg Hohenklingen, Torzwinger mit gerichteten Feuerwaffenscharten

Kommission für historische Kunstdenkmäler in einem Bericht den Zustand der Burg bemängelt hatte. Derzeit werden eine neue Erschließung der Burg (Aufzug) und, damit verbunden, archäologische Untersuchungen vorbereitet.

Die Burg liegt auf einem schmalen Sporn, der vom ansteigenden Gelände dahinter durch einen Halsgraben getrennt ist. Der Zugang erfolgt durch einen doppelten, gestaffelten Zwinger, welcher der Südseite im östlichen Teil vorgelegt ist. In der heutigen Form wurde diese Anlage im 15. Jahrhundert und der 1. Hälfte des 16. Jahrhunderts geschaffen. Interessant sind die verschiedenen Formen der Feuerwaffenscharten, die teils (originale?) Prellhölzer aufweisen oder als gerichtete Scharten angelegt sind. Den Zugang zur Kernburg vermittelt ein rundbogiges, mit Buckelquadern gerahmtes Tor. Die Ringmauer verläuft unregelmäßig, ein- und ausspringend. Zum Halsgraben hin ist sie schildmauerartig verstärkt, im unteren Teil etwa 2,55 m stark, während sie an anderen Stellen nur etwa 1,10 m misst. Die Schlitzscharten im unteren Bereich der „Schildmauer" wurden später offenbar zur Nutzung mit Hakenbüchsen abgearbeitet, um breitere Ausschussöffnungen zu erhalten.

Der Wohnturm

Prägender und wichtigster Bau ist der viergeschossige Wohnturm (Seitenlängen ca. 10 m), der frei hinter der Mauer stehend die übrigen Gebäude durch seine Baumasse deckte: Hohenklingen verkörpert eine frühe Form der Frontturmburg. Allgemein wird seine Entstehung um 1200 angenommen, doch lassen die z. T. leicht spitzbogigen Fenster eine spätere Entstehung (1. Hälfte 13. Jahrhundert) mög-

lich erscheinen. Bemerkenswert ist die exzentrische Anlage der Innenräume des Turmes: Seine feldseitigen Mauern sind deutlich dicker (bis ca. 3,20 m) als die anderen Seiten (knapp 2 m). Das Turmmauerwerk zeigt teils Buckelquader. In ca. 8,50 m Höhe liegt der Hocheingang, der ursprünglich wohl vom Wehrgang aus zugänglich war und das 1. Obergeschoss erschließt, einen ca. 5 x 5 m messenden Raum mit Kamin. Unter ihm liegt das Erdgeschoss ohne Öffnungen, welches durch einen Schacht in einer Ecke des Raumes zugänglich ist. Die Wohngeschosse sind durch Blocktreppen miteinander verbunden. Ins 2. Obergeschoss wurde im Spätmittelalter eine Bohlenstube eingebaut. Bemerkenswert sind die Sitznischen der Fensteröffnungen im 2. und 3. Obergeschoss. Der Turm schließt mit einer Wehrplattform, der ein Zeltdach aufsitzt.

Stein am Rhein, Wehrturm der Stadtbefestigung

Die Stadtbefestigung

Bereits 1094 wird Stein als *munitio* (befestigter Ort) genannt. 1643–1646 entstand eine Bastionärbefestigung, die 1845 geschleift wurde. Heute sind große Teile der Stadtmauer, verbaut in Häusern, erhalten. Auch einige spätmittelalterliche Türme und Stadttore stehen noch. Der rheinabwärts gelegene Turm zeigt bauliche Veränderungen für den Einsatz von Feuerwaffen: Der ehemals vorhandene hölzer-

ne Wehrgang (Balkenlöcher) wurde entfernt und die Öffnungen im Obergeschoss zu Feuerwaffenscharten umgestaltet, wie vielfach an Stadtbefestigungen in der Region. In die Wehranlagen einbezogen ist das im Spätmittelalter befestigte ehemalige Benediktinerkloster St. Georgen, das König Heinrich II. im 11. Jahrhundert vom Hohentwiel hierhin verlegt hat (Schlüssellochscharten).

Das römische Kastell „auf Burg"

Wehrbaugeschichte von der Antike bis zum 20. Jahrhundert vermittelt ein Besuch des römischen Kastells Tasgetium im linksrheinischen Stadtteil Burg. Das Kastell, das um 296 n. Chr. angelegt worden sein soll, schützte einen Rheinübergang am Ende des Untersees. Sein viereckiger Bering war mit gerundeten Flankierungstürmen besetzt. Innerhalb des Kastells wurden bei archäologischen Grabungen 1977 Fundamente einer Kirche aus dem 5./6. Jahrhundert sowie einer weiteren aus dem 7./8. Jahrhundert gefunden. Die heutige Kirche erhielt ihr Aussehen im wesentlichen um 1671. Sie enthält sehenswerte Fresken.

Als die Schweiz kurz vor dem Zweiten Weltkrieg Befestigungen zur Sicherung ihrer Landesgrenze gegen das nationalsozialistische Deutschland errichtete, wurde das Kastell in die Sperrstelle Stein am Rhein einbezogen. Im August 1936 war das Artilleriewerk als eines der ersten in diesem Bereich im Rohbau vollendet; im März 1938 stand es armiert der Grenzbrigade 6 zum Schutz der Rheinbrücke zur Verfügung. An der rückwärtigen Zugangsseite verfügt es über eine Gewehrgalerie.

Information

Burg Hohenklingen:
Stein am Rhein,
Tel. 0041-(0)54-412137.

Fahrstraße von der Stadt her ausgeschildert; Parkplatz im Halsgraben der Burg. Zwinger, Burghof und Wohnturm frei zugänglich. Burgrestaurant mit Aussichtsterrasse auf dem Wehrgang.

Das römische Kastell „auf Burg":
Das Kastell liegt, von der Altstadt kommend, links der Rheinbrücke. Das Innere des Kastells ist frei zugänglich, die Kirche zu besichtigen; das Artilleriewerk ist nicht zugänglich.

Die Nellenburg und Schloss Hohenfels bei STOCKACH

Angeblich anstelle eines alemannischen Siedlungsplatzes entstand der für die Zeit um 1100 urkundlich bezeugte Ort Stockach, dessen Geschichte mit den Grafen von Nellenburg und deren (vorder-)österreichischen Rechtsnachfolgern über lange Zeit verbunden war. Die jüngere Linie der Grafen von Nellenburg(-Veringen) ließ Stockach – wahrscheinlich um die Mitte des 13. Jahrhunderts – zur Stadt erheben. Der Chronist Johann J. Rüeger aus Schaffhausen bezeichnete Stockach um 1600 als das *fürnembst Stättlin* (= vornehmste Städtchen) im Hegau. Nach 1400 fanden hier die Verhandlungen des Landgerichtes im Hegau statt. Nach dem Erwerb der Landgrafschaft Nellenburg durch Habsburg 1465 wurde Stockach Sitz der vorderösterreichischen Verwaltung und blieb es bis 1805. Dann kam Stockach an Württemberg, und 1810 schließlich an das Großherzogtum Baden.

Die Nellenburg

Auf dem 613 m hohen Molassesporn 2 km westlich der Stockacher Altstadt finden sich die spärlichen Reste der Nellenburg sowie ihr in veränderter Form erhaltener Wirtschaftshof. Die Burg bestand bereits im 11. Jahrhundert. Sie war 1056 im Besitz des Grafen Eberhard von Nellenburg. Da schon für 958 ein Graf *Gottfridus de Nellenburg* bezeugt ist, wurde angenommen, die Burg habe vielleicht schon im 10. Jahrhundert bestanden, doch ist ihre Baugeschichte weitgehend ungeklärt.

Infolge des Investiturstreites verlor Graf Burkhard (†1105), der Letzte der älteren Linie von Nellenburg, die Burg, die 1105 an Graf Dietrich von Bürgeln kam. Die von Bürgeln stellen die mittlere Linie von Nellenburg. Die jüngere Linie stammte aus dem Grafengeschlecht von Veringen, das um 1170 über eine Heirat in den Besitz der Grafschaft Nellenburg gelangte.

Stockach, Stadtansicht mit dem Salmansweiler Hof

1291 belagerte Herzog Albrecht von Österreich die Nellenburg, damals Sitz des Grafen Mangold II. von Nellenburg(-Veringen), der sich am Aufstand schwäbischer Adeliger gegen Habsburg beteiligt hatte. Durch eine Unterminierung stürzte dabei der runde Hauptturm um.

1422 kam die Grafschaft durch eine Heirat an die Herren von Tengen, die sie 1465 aus finanziellen Gründen an Erzherzog Sigismund von Österreich verkauften. Bis 1805 blieb die Landgrafschaft in habsburgischem Besitz. Im 16. Jahrhundert war die Burg in schlechtem Bauzustand, wie Baurechnungen und Akten belegen. 1565 hieß es, sie sei *schlechtlich erpawt und gar zue kainer fürstlichen residenz zuegericht*. 1571 stürzte eine größere Mauerstrecke ein, und nicht mehr alle Räume des Schlosses waren bewohnbar. Im Dreißigjährigen Krieg (1618–1648) wurde die Nellenburg 1639 (oder 1642) durch Truppen des Kommandanten Widerholt von der Festung Hohentwiel *übl verderbt und ruinirt*, so dass Gebäude *in mörkhlichen abgang* kamen. Der Brunnen wurde verschüttet, um die Burg für eine Verteidigung unbrauchbar zu machen. Bis 1668/1669 waren einige Gebäude neu aufge-

baut. Ein Urbar (= Grundbuch) im Stadtarchiv Stockach belegt, dass nun sieben Stuben, neun Kammern, zwei Küchen mit Backofen, drei Keller und ein Gewölbe vorhanden waren. Zudem bestanden die Burgkapelle St. Gangolf und Wirtschaftsgebäude in der Vorburg. Der Brunnen war inzwischen wieder geräumt. 1760 heißt es in einer Beschreibung der Landgrafschaft Nellenburg: *Nunmehro aber das Schloß wegen Älte und weilen keine reparationskosten mehr auffgewendet werden wollen, zimblich ruinos und in baufälligem Standt sich befindet.* Nach der Verfügung des zuständigen Oberamtes, das baufällige Schloss *samt der allda befindlichen Kapelle* abzubrechen, geschah dies großenteils 1782/1783. Steine der Burg fanden beim Straßen- und Brückenbau in der Region Verwendung.

Die durch die Abbrüche und einen Brand zu Beginn der 1830er Jahre im Bestand stark reduzierte Burg wurde noch in den 1840er Jahren von *blutarmen Leuten* bewohnt, die in den Trümmern ihre Häuser hatten.

Heute stehen nur noch die neueren Bauten des Wirtschaftshofes der Burg, der anscheinend eine äußere Vorburg bildete. Westlich vor dem Hof sind Gräben (oder Hohlwege) erkennbar.

In Richtung der Hauptburg schließt sich eine 50 m lange und 10 m breite Felsrippe an, auf der offenbar die innere Vorburg stand. Ein Halsgraben trennt sie vom Hauptburgplateau (40x40 m), auf dem der Stockacher Verschönerungsverein 1886 einen hölzernen Aussichtsturm erbaute. 1922 wurde er abgebrochen. Nur noch Fundamente erinnern an die Burg, die zu den wichtigsten in der gesamten Region Hegau-Westlicher Bodensee gehörte.

Information

Nellenburg:
In der äußeren Vorburg „Gasthaus zur Nellenburg", 78333 Stockach, Tel. 07771-2403, täglich ab 17 Uhr geöffnet, sonntags ab 15 Uhr oder nach Vereinbarung.

Von der B 31 zweigt ein ausgeschilderter Fahrweg zur Burg ab. Frei zugängliche Ruine.

Schloss (Neu-)Hohenfels
(Kalkofen-Hohenfels, D, 6 km östlich von Stockach)

Auf einem Bergsporn südlich von Kalkofen zwischen Steinen- und Längenbach, oberhalb der Straße Stockach-Owingen, liegt Schloss Hohenfels. Aus dem Jahre 1292 stammt die Ersterwähnung der Burg *Hohenvels nova* (Neu-Hohenfels) in der Abschrift eines Copialbuches des Klosters Salem. Die Herren von Hohenfels waren einst zwischen Messkirch und Pfullendorf ansässig. Als Ministerialen dienten sie den Konstanzer Bischöfen. Nahe Sipplingen am Bodensee steht die Burgruine (Alt-)Hohenfels. Im 12./13. Jahrhundert bauten die Hohenfelser eine recht umfängliche Herrschaft auf, die 1292 geteilt wurde. (Neu-)Hohenfels war seitdem bis 1352 der Sitz der jüngeren Linie.

Schloss Hohenfels, Gesamtansicht

Bodenseekarte des Johann Georg Tibian(us) 1578. Ausschnitt oben links, die Nellenburg.

Nach dem Aussterben der jüngeren Linie der Herren von Hohenfels im Mannesstamm folgten durch Heirat die Herren von Jungingen als Besitzer der Burg. In der 2. Hälfte des 15. Jahrhunderts verloren sie Teile der Besitzungen. 1506 erwarb die Deutschordens-Kommende Althausen die Herrschaft von der Schwester des letzten männlichen Angehörigen derer von Jungingen und machte das Schloss zum Sitz einer Obervogtei.

1642 kam es zu einem Schlossbrand. Französische Revolutionstruppen plünderten Hohenfels 1796. Bald darauf, 1806, kam der Besitz infolge der Säkularisation ans Fürstentum Hohenzollern-Sigmaringen – das Schloss diente nun, wenn auch selten, zu Jagdaufenthalten – und somit Mitte des 19. Jahrhunderts an Preußen. 1931 erwarb die Schule Schloss Salem das Schloss Hohenfels, das noch heute als Internat dient, um es als Landschulheim zu nutzen.

Die unregelmäßige Vierflügelanlage umfasst Bauten verschiedener Zeiten, die teils mittelalterliche Bausubstanz enthalten. Der Südwestflügel erhielt um die Mitte des 16. Jahrhunderts das heutige Aussehen, ebenso vermutlich die runden Ecktürme. Der Treppenturm am Südflügel trägt die Jahreszahl 1553. 1589 wurde die Kapelle der Hl. Dreifaltigkeit geweiht, die im Kern älter sein mag. Im 18. Jahrhundert erfolgten größere Instandsetzungen und Umbauten. 1733 wurde der Nordostflügel neu- oder umgebaut. Nachdem bereits der bedeutende Barock-Architekt Johann Caspar Bagnato, Oberbaumeister der Reichslandkommende des Deutschen Ordens, kleinere Arbeiten am Schloss ausgeführt hatte, entwarf Franz Anton Bagnato (der jüngere Bagnato) die Fassade des Südostflügels und den (heute zugesetzten) Arkadengang zwischen Kapelle und Nordostflügel. Teile der Barockisierung veranlasste der wegen seines Finanzgebarens als *Schlemmergraf* genannte Landkomtur Christian Moritz Graf von Königsegg.

Nordöstlich des Schlosses, hier ist ein Teil des Grabens erhalten, liegt der Wirtschaftshof.

Information

Schloss (Neu-)Hohenfels (Kalkofen-Hohenfels, Kreis Konstanz, D):
Auf der L 194 von Stockach bis Mahlspüren, zwischen Mahlspüren und Kalkofen Abzweig zum Schloss. Nur Außenbesichtigung (Internat); Museumsbesichtigung nur nach telefonischer Absprache mit dem Schulsekretariat.

Nellenburg, Wirtschaftshof in der äußeren Vorburg

Burg Castell, Wohnturm

Schloss Castell, großer Turm

Burg und Schloss Castell
(Gemeinde Tägerwilen)

Weithin sichtbar ragt der bizarre Turmhelm des Schlosses Castell am Rand des Rörenmooses vor der Kulisse des Tägerwiler Waldes über dem Ort auf. Weniger deutlich erkennbar erhebt sich auf dem östlich benachbarten Berg die große Burgruine (Unter-) Castell.

Vor Ort und in der Heimatliteratur ging man lange davon aus, die Burg sei anstelle eines römischen Kastells oder zumindest eines Gebäudes aus der Römerzeit erbaut worden. Den Namen „Castellum" jedoch als Indiz dafür zu nehmen ist irreführend, war dies doch eine im Hochmittelalter durchaus gängige Bezeichnung für Burgen! Überliefert ist die Burggründung unter Bischof Ulrich I. von Konstanz zu Beginn des 12. Jahrhunderts. Kurz nach 1200 soll der Hauptturm errichtet worden sein, der das 95 m lange und bis zu 25 m breite Burgplateau als Frontturm gegen die Hochfläche jenseits des Grabens „deckte". Er zeigt an den Ecken Buckelquader mit Randschlag. Von der Ringmauer und einigen Gebäuden blieben teils mehrere Meter hohe Baureste erhalten, einige davon bestehen aus Wackenmauerwerk. Aus dem Spätmittelalter stammt der talseitige Flankierungsturm.

Seit dem letzten Viertel des 12. Jahrhunderts waren Ministeriale auf Castell ansässig, das wohl für längere Zeit als landesherrliche Burg mit gewissen Zentralfunktionen diente. So sind hoheitliche Akte der Bischöfe – etwa Eberhards II. – bezeugt. Nachdem die Burg an den Hochstiftsministerialen Bertold von Hiugelshofen gekommen war, gelang es Bischof Heinrich II. erst 1229/1296, die Burg wieder auszulösen, die er seitdem als Residenz nutzte. Auch Bischof Nikolaus residierte hier; er verstarb 1344 auf Castell. Später war die Burg Sitz bischöflicher Vögte. 1499 zerstörten sie eidgenössische Truppen; die Ruine wurde durch Steinraub im Bestand weiter reduziert.

Das Schloss Castell als Nachfolgebau der Burg entstand auf der jener westlich gegenüberliegenden Anhöhe: Nach 1585 ließ Junker Konrad Vogt von Wartenfels aus Konstanz anstelle eines Bauernhauses den Sitz (Ober-)Castell erbauen. 1661 wurde die Familie Zollikofer von St. Gallen Besitzer des Anwesens, die 1725 einen Umbau des Schlosses veranlasste. Ein weiterer Umbau erfolgte 1878/1894 für die ebenfalls aus St. Gallen stammende Familie von Scheer/Scherer. Danach präsentiert sich Schloss Castell als eines der bedeutendsten historistischen Schlösser im Bodenseegebiet und in der gesamten Schweiz. Die Entwürfe zum Umbau lieferte der Architekt Otto Tafel aus Stuttgart (vgl. Kreuzlingen: Schloss Brunegg). Eine phantasievoll umgedeutete Neo-Renaissance mit originellen Turmbauten prägt die Anlage. Anregungen zu diesem „fremdländisch" anmutenden Schlossbau erhielt der Besitzer wohl auf seinen Reisen durch weite Teile Europas. Nach dem Tod des Max von Scherer (†1901) gelangte Schloss Castell auf dem Erbwege an die Familie von Stockar. Von der Innenausstattung verdienen der „maurische Saal" sowie die Fresken von Karl von Häberlin Erwähnung.

Weitere Schlösser in Tägerwilen

Verborgen hinter Bäumen erhebt sich auf einem Hügel nordwestlich der Reformierten Kirche das Schloss Pflanzberg (Pflanzbergstr. 1), das 1596 zuerst erwähnt wird. Sein Erscheinungsbild geht auf Baumaßnahmen Ende des 17. Jahrhunderts und 1828 sowie auf historistische Umbauten des 19. Jahrhunderts zurück.

150 m östlich der Kirche steht das Herrenhaus Okenfiner (Okenfinerstr. 6), dessen Name von einer im 15. Jahrhundert bezeugten Konstanzer Familie herrührt. 1616 erbaut, wurde es um 1720 verändert; damals sollen die malerischen Eckerker mit ihren geschweiften Hauben entstanden sein. Im Inneren blieben umfängliche Teile der Ausstattung des 18. Jahrhunderts (holzgewölbte Decke, Wandvertäfelungen, Turmofen) erhalten.

Anstelle einer Burg ließen die Herren vonLandsee Ende des 17. Jahrhunderts das Schloss Hochstrass (Hochstr.) erbauen. Es steht in einem Park an der Straße von Tägerwilen nach Kreuzlingen-Emmishofen.

Burg Castell, „Wackenmauer"

Schloss Gottlieben
(Gottlieben)

Gottlieben grenzt an Tägerwilen; der Ort liegt am Zufluss des Rheins in den Untersee. Spätestens im 10. Jahrhundert bestand hier ein Fischerdorf. Aufgrund der Konflikte mit der Stadt Konstanz ließ der Konstanzer Bischof Eberhard II. von Waldenburg (reg. 1248–1274) wohl 1251 den Bau der Burg beginnen, die er anscheinend 1255 zuerst bewohnte. Sie sollte eine neue Brücke schützen und Kern eines in Konkurrenz zu Konstanz angelegten neuen Handelsplatzes werden. Da die Zolleinnahmen zum Unterhalt der Brücke letztlich nicht ausreichten und jene zudem die Schiffahrt behinderte, bestand sie nicht lange; 1332 wird sie urkundlich erwähnt. 1678 erhoben dann die Eidgenossen Gottlieben zum Marktflecken. Später war der Ort Stapelplatz der Saline Hall, und von 1798 bis 1869 Bezirkshauptort.

1355 kam es zur Beschädigung der Burg und zur Zerstörung der befestigten Siedlung durch Konrad von Honburg, nachdem Bischof Johann Windlok zuvor Markdorf hatte plündern lassen. 1434/1446 und 1475/1491 wurde an der Burg gebaut. Als Offenhaus der Eidgenossen wird Gottlieben 1477 bezeichnet, d. h. jene hätten im Bedarfsfall, etwa in einem Krieg, Zugang zur Burg gehabt. Brisant war die Situation 1499 im Schweizerkrieg: Bischof Hugo von Hohenlandenberg hatte Truppen des Schwäbischen Bundes in Gottlieben aufgenommen und ließ – trotz einer Neutralitätserklärung – zu, dass diese auf Eidgenossen schossen.

1499–1798 war die Burg eine bischöfliche Obervogtei. Als Bischofsresidenz diente nun nicht mehr Gottlieben, sondern Schloss Meersburg. Im Spätmittelalter waren in Gottlieben mehrfach wichtige Gefangene inhaftiert, so 1415 während des Konstanzer Konzils der böhmische Reformator Jan Hus und der abgesetzte Papst Johannes XXIII. sowie 1454 der Chorherr Felix Hemmerli aus Zürich. Das Blockgefängnis befindet sich im Westturm. 1633, während der Belagerung der Stadt Konstanz im 30jährigen Krieg, diente die Burg für 24 Tage als Hauptquartier des Befehlshabers der Belagerer, General Horn. Durch die Säkularisation kam die Burg zusammen mit anderem bischöflichen Besitz 1803 an den Markgrafen von Baden. 1808 erwarb sie Johann Konrad Hippenmeyer, Mitbegründer und 1. Direktor der österreichischen Nationalbank. 1836 gelangte die Burg an Prinz Louis (1808–1873), den späteren französischen Kaiser Napoleon III., der die Wohnbauten nach Entwürfen von Ferdinando Roberto (Neapel) neugotisch umbauen ließ. In drei Fenster an der Rheinseite

Okenfiner, Herrenhaus

wurde Maßwerk des 14. Jahrhunderts aus dem abgebrochenen Kreuzgang des Konstanzer Münsters eingefügt. Die Wohnbauten erhielten flache, von außen nicht sichtbare Walmdächer. Die früheren Dachansätze sind an den Türmen abzulesen. Bereits 1842 folgte der Verkauf an Graf Josef von Beroldingen (Stuttgart), der eine Kapelle ins 1. Obergeschoss des Ostturmes einbauen ließ (1849 geweiht). Die den Erzengeln Michael, Gabriel und Raphael geweihte alte Kapelle war 1829 abgebrochen worden. 1877 kaufte Baron Maximilian von Fabrice (Dresden) Gottlieben. Zu den späteren Besitzern gehörten ab 1926 der seit 1916 im Schweizer Exil lebende deutsche Autor Dr. jur. Wilhelm Muehlon (†1945) und ab 1950 die bekannte Sängerin Lisa della Casa.

Die ehemalige Wasserburg, deren Gräben im 19. Jahrhundert verfüllt wurden, steht, versteckt hinter Bäumen, am Rhein-/Unterseeufer. Die etwa quadratische Hauptburg rahmen an der Land-/Angriffsseite zwei 33 m hohe, sechsstöckige Türme, die zum Bau des 13. Jahrhunderts gehören. Die Burg weist damit eine typologische Verwandtschaft zu österreichischen Kastellburgen auf. An den Ecken sind die Türme mit Buckelquadern gefasst, das Füllmauerwerk besteht aus Kieseln. Die Turmöffnungen hat man später z. T. verändert, so die der obersten Geschosse für den Einsatz von Feuerwaffen seitlich grob erweitert. Bemerkenswert ist das große Staffelfenster (Mitte 14. Jahrhundert) im Westturm. An den Außenwänden der Türme sind Balkenlöcher erkennbar: Hier kragten auf etwa halber Höhe hölzerne Wehrgänge (Hurden) vor. In den Türmen gibt es

Block- und Wendeltreppen. Die Wehrmauer zwischen den Türmen ist ein Stockwerk hoch erhalten, ihre ursprüngliche Höhe ist an den Türen, welche zum Wehrgang führten, erkennbar.

Die Wohnbauten wurden wiederholt verändert. Gebaut wurde 1434/1446 am Ostflügel, 1475/1491 am Nordflügel. Eine Restaurierung erfolgte 1968–69. An der zum Ufer gerichteten Seite der Burg lag ein Zwinger, der gleichzeitig als Garten diente, den eine Wehrmauer mit zwei Rundtürmchen sicherte.

Schloss Castell, historische Ansichtskarte, 1902, links der Wohnturm der Burg

Information

Schloss Gottlieben (Gottlieben): Abzweig nach Gottlieben in Tägerwilen ausgeschildert; Parkplatz nahe dem Schloss. Keine Besichtigung (privat); von außen wegen der hohen Bäume nur z. T. zu überblicken. Gesamtüberblick von der Rhein-/Seeseite, d. h. vom Schiff.

75

Burgen und Adelssitze in ÜBERLINGEN

Anstelle Überlingens soll der alemannische Herzog Gunzo im frühen 7. Jahrhundert eine „Burg" besessen haben, so die sagenhafte Überlieferung. Ein Haus in der Neustadt, nahe dem Stadtgraben, trug an der Fassade das Gemälde eines geharnischten Mannes mit der Unterschrift: *In dieser Burg residierte im Jahre 641 Gunzo, Herzog von Schwaben und Alemanien* (Kraus 1887). Die Darstellung soll jedoch erst 1882 entstanden sein. Um 770 bestand im Bereich Überlingens ein Fronhof der Karolinger. Von den Grafen von Pfullendorf gelangte Überlingen 1167 an Kaiser Friedrich I. Barbarossa. Um 1200 erhielt die Siedlung Stadtrecht, 1268 wurde sie eine Reichsstadt. Die verkehrsgünstige Lage an der Strecke Pfullendorf-Konstanz (Schiffslände, Fähranleger) führten zur wirtschaftlichen Prosperität der Stadt, die vermutlich noch im 13. Jahrhundert durch Aufschüttungen am Seeufer ihre Fläche vergrößerte. Der Höhepunkt der Entwicklung währte vom 14. bis zum 16. Jahrhundert, wozu neben dem Marktrecht das Kornstapelrecht beitrug. Nach dem Dreißigjährigen Krieg (1618–1648) kam es zum wirtschaftlichen Abstieg. 1803 fiel die Stadt an Baden. 1862 erfolgte die Anlage eines neuen Hafens im Ostteil des die befestigte Stadt umgebenden Grabens. Als Kur- und Badeort konnte Überlingen im 19. Jahrhundert eine gewisse Bedeutung erlangen, zu der auch der Bahnanschluss und die Industrialisierung um 1900 beitrugen. Aus jener Zeit stammen viele Pseudoburgen (Eisenbahntunnelportale und -entlüftungsturm; Wasserhochbehälter) und -schlösser (Villen) im Stadtgebiet.

Seit dem 13. Jahrhundert bestand offenbar eine Stadtbefestigung, in welche wohl ab dem 14. Jahrhundert einige Vorstädte einbezogen wurden. Um 1500 erfolgte der Ausbau der Wehranlagen zur Festung für den Kampf mit und gegen Feuerwaffen, wozu u. a. der Graben erweitert und bis zu 20 m tief in den Molassesandstein eingetieft wurde. Erhalten blieben der Barfüßertorturm (1494), das Aufkircher Tor und mehrere, teils große (Feuerwaffen-)Türme. Bemerkenswert ist, dass im 16./17. Jahrhundert Türme aufgestockt wurden (St.-Johann-Turm, 1630), während man anderenorts moderne Bastionärbefestigungen baute. Auf manchen Ringmauerteilstücken finden sich aufgeschüttete Geschützplattformen bzw. Kavaliere. Durch einen Rundweg mit Info-Tafeln ist die Befestigung erschlossen.

Von den zahlreichen Adelssitzen und herrschaftlichen Häusern innerhalb des Stadtgebietes sei zumindest das Rosenobelhaus (Krummebergstr. 17; Forstamt) auf der Stadtmauer erwähnt. Es enthält „romanisches" Mauerwerk. Feldseitig ist Megalith- und Buckelquadermauerwerk erhalten. 1977 wurde die rötliche barocke Farbfassung rekonstruiert. Unter den herrschaftlichen Häusern des Historismus (19./frühes 20. Jahrhundert) gehört das in einem weitläufigen Park gelegene neobarocke Schloss Rauenstein (Rauensteinstr.) zu den wichtigsten am westlichen Bodensee. Es beherbergt die Akademie Schloss Rauenstein, Bildungsverband der FH Biberach und Ravensburg-Weingarten mit dem RP Tübingen, unterstützt durch den Bodenseekreis und die Stadt Überlingen (nur Parkbesichtigung).

Reichlin-Meldegg-Residenz

Unter den zahlreichen zur Blütezeit der Stadt Überlingen entstandenen Bauten, gerade des Patriziats, ist der Stadtpalast der Reichlin-Meldegg auf dem Luzienberg der bedeutendste. Die Höhenlage des prächtigen Gebäudes führte bereits im 19. Jahrhundert zu der Vermutung, hier habe einst die „Burg des Alemannen-Herzogs Gunzo" gestanden, doch ist das bloße Spekulation. Von Dr. Mathias Piana wurde das Haus in den letzten Jahren ausführlicher untersucht und teils neu datiert (s. Schriften des Vereins für Geschichte des Bodensees und seiner Umgebung, 2003). Über die Gründung des Hauses berichtet der Chronist Jakob Reutlinger (1545–1611), Überlingen: *Anno 1462 hatt herr Andreas Reichlin der arzneyen doctor die herrliche und stattliche behausung alhie zu Uberlingen […] von newem und grundt uff, auch darein ain […] capell zu ehren Sannt Lucio dem heilig martyrer pawen und weyhen lassen.* Dr. Andreas Reichlin entstammte einer Konstanzer Patrizierfamilie (s. Singen-Beuren a. d. Aach: Schlössle Meldegg). Der Palast ist ein dreigeschossiges, mit durchbrochenem Zinnengiebel gestaltetes Gebäude, dessen mit Spiegelquadern verblendete Hauptfassade mit jener des Geschlechterzunfthauses „Zur Katz" (1424/1429) in Konstanz in Verbindung gebracht wurde. Die rustizierte Fassade und die (Giebel-)Zinnen des Reichlin-Meldegg-Hauses lassen erkennen, dass der Bauherr auf Burgelemente zurück-

Reichlin-Meldegg-Residenz

Rosenobelhaus, Feldseite

greift, um seinen gesellschaftlichen Rang zu verdeutlichen. Aus dem mittelalterlichen Burgenbau stammt auch die Anordnung des Saals im 1. Obergeschoss. Die Form der Fassadengestaltung mit flachen Bossen findet sich vielfach um die Mitte des 14. Jahrhunderts in Ober- und Mittelitalien. Die Fassaden wurden 1689 teilweise, das Innere stark umgestaltet. In Wohnräumen des Hauptgebäudes und im Seitenflügel ist prächtiger Wessobrunner Akanthusstuck (um 1690) vorhanden. Die östlich an

Information

Reichlin-Meldegg-Residenz: Krummebergstr. 30, 88662 Überlingen, Tel. 07551-991079. Geöffnet dienstags bis samstags 9–12.30 und 14–17 Uhr, sonntags und feiertags 1. November bis 31. März geschlossen; montags geschlossen (wenn montags Feiertag, dienstags geschlossen). Führungen 1.4.–31.10. Fr 10 Uhr.

das Hauptgebäude anschließende, 1486 geweihte quadratische Kapelle St. Lucius ist über einem Rundpfeiler kreuzrippengewölbt; sie besitzt eine West-/(Herrschafts)Empore. Ihr Gewölbe wurde um 1750 stuckiert. Die Rocaillenmalereien jener Zeit sind erhalten. Das Gemälde des Altars von 1626 zeigt Mariä Himmelfahrt und im Auszug St. Lucius.

Die Residenz beherbergt das 1913 eröffnete Städtische Museum. Zu seinen Exponaten gehören Skulpturen und Gemälde (14.–18. Jahrhundert, u. a. Melchior Binder, Jörg Zürn, Michael Zürn, Joseph Anton Feichtmayr), Mobiliar, Krippen sowie Puppenhäuser (18. Jahrhundert). Im Garten blieb eines von zwei Lusthäusern erhalten.

Schloss Burgberg

Der Name von Schloss Burgberg spricht für eine Burg als Vorgängerbau. In dieser Wasserburg sollen im 14. Jahrhundert die Schenken von Schmalegg, später die Familie Gremlich gesessen haben. Nachdem sie 1307 an St. Johann zu Überlingen gekommen war, folgten noch zahlreiche Burgbesitzer, u. a. Ende des 15. Jahrhunderts das Kloster Münchroth. Seit 1692 gehörte Burgberg dem Ratsherrn Konstantin Reutlinger, aus dieser Zeit stammen die Stukkaturen im Inneren, während die Bausubstanz insbesondere auf die Zeiträume um 1584 und 1651 zurückgehen soll. Im Schlosspark stehen heute Wohnbauten. Da das Schlossgrundstück nicht zu betreten ist, sei hier die Beschreibung von Franz Xaver Kraus (1887) wiedergegeben: *Die Lage am Wasser, die malerische Gruppierung des kleinen Baues, mit seinen Giebeln, dem kleinen Dachreiter,*

Schloss Rauenstein, Gartenfassade des Herrenhauses

den Wetterfahnen und Schornsteinen und die sich hieraus ergebende reizvolle Umrisslinie des Ganzen, entschädigen für die einfachen Formen der äußern Architektur; die Farben der Umgebung und die Spiegelung im Wasser, für die weiße Tünche, welche die Mauerflächen bedeckt. Um so anmuthiger ist das Innere in seinen zierlichen Verhältnissen, den reichen – aber vielfach etwas schwülstigen – Stuckarbeiten, mit denen Decken und Wände, die Fensterlaibungen und Brüstungen der Wohnräume und Vorplätze, die untern Flächen der massiven Holztreppenläufe etc. bedeckt sind, mit seiner kleinen Kapelle (1588 geweiht) und den meist schönen, kleinen Sälen und Zimmern der oberen Stockwerke. Gedrehte Holzpfosten und Holzbaluster fassen die Blocktreppe ein, die Vorplatzböden sind mit Backsteinfließen, die Zimmerböden mit Parkets belegt. Bei den Stucken sind Eier- und Perlstäbe, Rosenguirlanden und die Akanthusblätter auf den Baugliedern meist gut, während die Akanthusranken im Maßstab zu groß und in der Einzelform unschön behandelt sind. Bemerkenswerth ist in dem Sälchen des obern Stockes ein schöner, weißer Majolicaofen mit Urnenaufsatz im Stile der Salemer Arbeiten (Louis XVI).

Schloss Burgberg, Hauptburg

Schloss Burgberg (aus: Kraus 1887)

Information

Schloss Burgberg:
Burgbergring/Ecke Karl-Valentin-Weg.

Keine Besichtigung; Blick durch das Gartentor aufs Schloss möglich.

Schloss Spetzgart
(Stadtteil Hödingen-Spetzgart)

Markant und weithin sichtbar liegt das Schloss am Rand des Killenbachtales, 1 km südöstlich von Hödingen zwischen Überlingen und Sipplingen. Voraus ging eine Burg. Der Besitz war nach einer Urkunde von 1223 in den Händen eines Burkhard von Spetzgart (*Burchardus de Spehshart*). Über die Familie und die mögliche Burg ist kaum etwas bekannt. Günter Schmitt (1998) hat einen stauferzeitlichen längsrechteckigen „Wohnturm" (9x12,3 m) als Kern des Schlossgebäudes ermittelt. Für 1411 ist die Burg als Besitz des Hans Wig, Bürger aus Überlingen, bezeugt. Mitte des 15. Jahrhunderts gehörte sie dem Ritter Jos von Göggingen, dessen Familie sie an Clemens Reichlin von Meldegg (Überlingen) veräußerte. Bald darauf wurde das Burggut Besitz des Prämonstratenserklosters Obermarchtal, bei dem es bis 1690 blieb. Die Äbte nutzten Spetzgart teils als Sommersitz. Mindestens zweimal wurde das Schloss im Dreißigjährigen Krieg beschädigt, als es 1634 und 1643 schwedische Truppen brandschatzten. Nach dem Krieg ließ Abt Konrad Kneer das Schloss erneuern und dabei das Herrenhaus von zwei auf drei Stockwerke erhöhen. Ein Inventar von 1671 nennt das *alte, wiederaufgebaute Schlößle mit Burgstall, ein Torkel, ein Viehstall, zwei gemeine Häuser* (zitiert nach Schmitt 1998). Von 1690–1746 gehörte das Anwesen der Familie Oehler, welcher das Augustinerkloster Konstanz (bis 1802) und die Spitalverwaltung Konstanz (bis 1896) folgten.

1746 waren Teile des Schlosses ruinös. Das Augustinerkloster Konstanz als Besitzer ließ das Schloss erneut umbauen. Es hatte die Erlaubnis erhalten, das *Intentionierte Gebäu* […] *auf die alte Rudera* [= Ruine] *und ohne Vermehrung der Rauchfänge zu errichten* (zitiert nach Schmitt 1998). 1801 umfasste das Schlossgut acht Gebäude: Kirche, Sennerei, Pferde- und Schweinestall, Neubau, Hauptbau, Gemeindehäusel und Backhaus. Eine 1549 gestiftete Kapelle fiel 1842 einem Abbruch zum Opfer, und um 1850 standen nur noch das Herrenhaus, Torkel, Sennerei und Backhaus (ebd.). 1888 wurde die Nutzung des Schlosses als Zwangserziehungsanstalt für jugendliche Verbrecher diskutiert, doch erwarb 1896 der Reutlinger Fabrikant Konrad Vogt den Besitz. Baumaßnahmen veränderten 1900/1910 das Gesicht der Anlage: 1909 entstand, rechtwinklig zum Herrenhaus, der große Westflügel. Die Bezirksbauinspektion Konstanz sprach seinerzeit von ernsten Bedenken gegen die Formgebung. 1928 erwarb die Schule Schloss Salem Spetzgart, die Um- und Neubauten veranlasste;

1929 konnte die Zweigschule eröffnet werden. Im Zuge weiterer Ausbauten 1976–1995 entstand die Sporthalle im Burggraben.

Das Schloss beschrieb Franz X. Kraus 1887: *Das Hofschlösschen* […] *auf einem prächtigen Aussichtspunkte, etwa 3/4 Stunden nordwestlich von Ueberlingen gelegen, ist ein oblonger, dreistöckiger, im Aeußern einfacher Steinbau aus dem vorigen Jahrhundert, der ein gut erhaltenes, bemerkenswerthes Inneres hat. Gänge, Vorplätze und Zimmer zeigen einfache, fein gehaltene Stuckverzierungen an den Decken, deren eine die Jahreszahl 1749 trägt, die Thüren haben mit geschnitzten geometrischen Figuren geschmückte Füllungen und gut profilirte, aber barock ausgezackte Bekleidungen. Ein Kunstwerk ist die schöne zweiarmige, hölzerne Stocktreppe mit Podesten, mit dem an den Innen- und den Wandseiten gleichmäßig herumgeführten Prachtgeländer mit seinen reizend geschnittenen Pfosten und Füllungen. Das Wappenschild am Baue zeigt ein von zwei Pfeilen durchschossenes Herz.*

Etwa 150 m südwestlich des Schlosses steht – auf Überlinger Gemarkung – der Hof Zwingenburg, auf dem der 1292 urkundlich genannte *Friedericus de Zwingenberg* gesessen haben soll (Heine 1978). Über eine Burg an dieser Stelle ist bislang nichts bekannt.

Burg Alt-Hohenfels
(Stadtteil Sipplingen)

Oberhalb von Sipplingen liegt der als Ausflugsziel wegen der eindrucksvollen Aussicht und des Gasthauses von vielen Touristen besuchte Haldenhof. Etwas unterhalb steht auf einer Spornkuppe die Burgruine Alt-Hohenfels. Die Burg war der Sitz des durch die große Heidelberger/„Manessische" Liederhandschrift bekannten, 1216–1242 bezeugten Minnesängers Burkhart von Hohenfels, der sich im Umfeld des Königs und des Bischofs von Konstanz bewegte. Die Burg dürfte nach bisheriger Einschätzung um 1150/1190 entstanden sein. Mitglieder der Familie erlangten wichtigere Ämter, so Berthold von Hohenfels (1263 Schatzmeister des Konstanzer Domkapitels), Burkhart von Hohenfels (1273 Propst in Bischofszell, Thurgau) und Berthold von Hohenfels (Propst von St. Stephan, Konstanz). Ende des 13. Jahrhunderts teilte sich die Familie: 1292 ist die Burg Neu-Hohenfels bei Kalkofen zuerst urkundlich erwähnt. Sie war Sitz der neuen Linie. 1388 erlangte Graf Eberhard II. von Württemberg das Öffnungsrecht an der Hälfte der Burg Alt-Hohenfels. Goswin von Hohenfels war zuvor bei der Schlacht von Döffingen in Gefangenschaft des Grafen geraten und hatte jenem die Burg zu Lehen aufge-

Hödingen-Spetzgart: Schloss Spetzgart, Ansichtskarte, um 1890

tragen. Zu Beginn des 15. Jahrhunderts starb die Familie im Mannesstamm aus.

1434 waren die Brüder Wolfgang und Burkhart von Jungingen Besitzer von Alt-Hohenfels. 1479 erwarb das Spital zu Überlingen die Burg. 1641 stürzte ein Gebäude ein; mehrere Personen starben in den Trümmern. Nachdem dann 1643, im Dreißigjährigen Krieg, in Überlingen stationierte Truppen die Burg weiter beschädigten, verfiel sie allmählich. Vermutlich wurde die Ruine später auch zur Gewinnung von Baumaterial ausgebeutet (Steinraub).

Den Burgberg krönt die Ruine eines längsrechteckigen Wohnturmes oder Steinhauses, das an den Ecken mit Buckelquadern gefasst ist. An der Nordseite sicherte ein Halsgraben den Burgberg, dessen Hänge verschiedene große Terrassen aufweisen, die Standorte weiterer Gebäude und/oder Wehrplattformen waren.

Burghalde/Hüneberg
(Stadtteil Sipplingen)

Im Sipplinger Bruchfeld, einer durch Reihen teils bizarrer, meist bewachsener Sandstein-rippen geprägten Landschaft, liegt der Hüneberg, der Reste einer Burg trägt, etwa 1 km von der Pfarrkirche in Sipplingen entfernt. Vielleicht waren weitere der umgebenden Berge von Burgen gekrönt, etwa der Geigenberg. Herren von Hüneberg werden 1171 als Ministerialen von Kloster Reichenau erwähnt: Gerung von Hüneberg (*Gerungus de Hvneberc*) war Zeuge einer Urkunde, die einen Gütertausch zwischen Abt Diethelm von Reichenau und Abt Erimbert von Salem regelte. 1237 schenkte Heinrich von Hüneberg dem Kloster Salem zugunsten seines „Seelenheils" den Hof zu dem *Geruite* (auf dem Gereut sind noch Terrassierungen erkennbar). Das Ende der Familie ist nicht bekannt, doch wurde ein Aussterben spätestens zu Beginn des 14. Jahrhunderts vermutet (s. Schmitt I 1998, S. 67). Im 15. Jahrhundert waren Teile des Burgberges und anscheinend auch die Burg selbst Besitz der in Konstanz ansässigen Patrizierfamilie Engelin, andere gehörten Adeligen. 1498 verkaufte Ulrich von Jungingen seinen Anteil des Burgstalles (*burgstal vff dem Húnenberg 1494 erwähnt*) an Graf Andreas von Waldburg-Sonnenberg.

1898 erwarb die Gemeinde Sipplingen die Ruine, auf der 1897 Freilegungen von Mauerwerk stattfanden, was den Bestand auf Dauer stark schädigte, da das freigelegte Sandsteinmauerwerk ungesichert blieb. Heute finden sich stark verwitterte Reste der Ringmauer und vermutlich eines Wohnturmes auf dem bis zu 130 m langen und 17 m breiten Plateau des Burgberges. Ein Abschnittsgraben teilt das Plateau in zwei ungleich große Bereiche. Eine Terrasse am Südhang wird als möglicher Zwingerrest gedeutet. Der mutmaßliche Wohnturmrest an der Südostecke zeigt innen Klein- und an der Außenschale Großquader-Mauerwerk.

Burghalde, Gesamtansicht des Burgberges

Burghalde, Inneres der Wohnturmruine

Information

Schloß Spetzgart (Stadtteil Hödingen-Spetzgart):
Anfahrt über die B 31, ab Stadtteil Hödingen über die K 7772 (ausgeschildert). Nur Aussenbesichtigung.

Burg Alt-Hohenfels (Stadtteil Sipplingen):
Von Sipplingen her der Ausschilderung zum Haldenhof folgen, Parkplatz; von dort 5 Min. zu Fuß.

Burghalde/Hüneberg (Stadtteil Sipplingen):
Anfahrt vom Ort in Richtung Sportplatz, Parkplatz; von dort ist der Weg zur Burghalde beschildert.

Literaturauswahl

BERNER, Herbert (Hg.): Hohentwiel. Bilder aus der Geschichte des Berges. Konstanz 21957. – id. (Hg.): Beiträge zur Bohlinger Geschichte. Singen/H. 1973. – id. (Hg.): Bodman, Dorf, Kaiserpfalz, Adel. 2 Bde. Sigmaringen 1977, 1985. – id.: Bodman am Bodensee. München 1982. – id. (Hg.): Singen. Ziehmutter des Hegaus. Singener Stadtgeschichte, Bd. 1. Singen/H. 1987. – id. (Hg.): Singen. Dorf und Herrschaft. Singener Stadtgeschichte, Bd. 2. Singen/H. 1990. – id. (Hg.): Öhningen. Beiträge zur Geschichte von Öhningen, Schienen und Wangen. Singen/H. 1988. – id./BROSIG, Reinhard (Hg.): Singen, die junge Stadt. Singener Stadtgeschichte, Bd. 3. Singen/H. 1994.

BUMILLER, Casimir: Hohentwiel. Geschichte einer Burg zwischen Festungsalltag und großer Politik. Konstanz 1990.

DERSCHKA, Harald Rainer: Die Ministerialen des Hochstiftes Konstanz. Stuttgart 1999.

END, Gotthard: Die Burgen der Höri und ihre Besitzer, o.O. (Schaffhausen/Schweiz) 1940.

FEGER, Otto: Geschichte des Bodenseeraumes. Konstanz und Lindau 1956ff.

FENNER, Achim (Hg.): Stahringen-Homburg [...]. Radolfzell 1995.

FRAUENFELDER, Reinhard: Die Kunstdenkmäler des Kantons Schaffhausen, II: Der Bezirk Stein am Rhein. Basel 1958.

GÖTZ, Franz: Bodensee und Hochrhein zwischen Konstanz und Schaffhausen. Singen/H. 1971.- id. (Hg.): Gaienhofen. Beiträge zur Geschichte der Gemeinde und ihrer Ortsteile. Singen/H. 1982.

HAUPTMANN, Arthur: Burgen einst und jetzt. Burgen und Burgruinen in Südbaden und angrenzenden Gebieten. Konstanz [3] 1987.

HAUSWIRTH, Fritz: Burgen und Schlösser im Thurgau. Kreuzlingen 1964.

HEINE, Hans-W.: Studien zu Wehranlagen zwischen junger Donau und westlichem Bodensee. Stuttgart 1978.

HIRSCHER, Peter: Böhringen. Geschichte einer Landgemeinde zwischen Untersee und Hegau. Radolfzell 1994. – id./SACHS, Karl Christian/WELSCHINGER, Richard: Beiträge zur Geschichte der Bodanrückdörfer Langenrain und Freudenthal. Stockach-Hindelwangen 1986.

HOFMANN, Franz: Schloß Schlatt unter Krähen. Geschichte und Kunstgeschichte. Singen/H. 2000.

KESSINGER, Roland/PETER, Klaus-Michael (Hg.): Hohentwiel Buch. Singen/H. 2002.

KNOEPFLI, Albert: Kunstgeschichte des Bodenseeraumes. 2 Bde. Konstanz 1961–69. – id.: Stein am Rhein (Schweizerische Kunstführer, 218/219). Basel 1977.

KRAMER, Wolfgang: Das Gaienhofener Schloß. In: Hegau 54/55, 1997/98, S. 241-243.

KRAUS, Franz Xaver: Die Kunstdenkmäler des Kreises Konstanz. Freiburg/Br. 1887.

LOSSE, Michael: Nicht ohne einen „gewissen historischen Wert ...“ Anmerkungen zum Umgang mit und zur Rezeption von Burgen und Schlössern im Hegau vom 17. Jh. bis zum ersten Drittel des 20. Jahrhunderts In: Hegau,

57/2000, S. 7 – 61. – id. Burgen, Erlebniswege Hegau, angrenzende Schweiz, westlicher Bodensee. Singen/H. 2002; 2004.- id.: Das „Friedinger Schlössle“ im Hegau. In: Burgen und Schlösser. Zeitschrift der Deutschen Burgenvereinigung, 2002/I, S. 36–47. – id. Die Burgen und Schlösser in Bohlingen. In: Singen Jahrbuch 2003, S. 128–142. – id.: „sitz, burggesäss und schlößle“ zu Hegne. Anmerkungen zur Geschichte, Baugeschichte und kunsthistorischen Bedeutung von Schloss Hegne bis 1892. In: Hegner Kulturverein e.V. (Hg.): Hegne: Dorf, Schloss, Kloster. Allensbach-Hegne 2003, S. 147–164. – id.: Rosenegg, das verschwundene Bischofsschloss. Anmerkungen zur Geschichte und zum Untergang der Burg Rosenegg. In: Hegau, Jahrbuch 60/2003. Singen/H. 2003. S. 181–198. – id. (Hg.): Festungen und Schanzen im Hegau vom 15. bis zum frühen 20. Jahrhundert (Festungsjournal, 15). Bonn und Singen/H. 2003; 2003. – id.: Das Scheffel-Schlößle auf der Mettnau. Eine „Dichterburg“ des 19. Jahrhundert am Bodensee. In: Forschungen zu Burgen und Schlössern, 8 (Hrsg.: Wartburg-Gesellschaft). München und Berlin 2004. – id.: Das Schlößle Meldegg in Beuren a. d. Aach. Singen 2004 – id./NOLL, Hans: Burgen, Schlösser und Festungen im Hegau. Singen/H. 2001 (mit umfangreichem Literaturverzeichnis).

MERIAN, Matthäus: Topographia Sveviae [...]. Frankfurt/M. 1643.

MEYER, Fredy: Adel und Herrschaft am Bodensee. Geschichte einer Landschaft. Engen o.J. (1986). – id. (Hg.): Römer, Ritter, Regenpfeifer. Streifzüge durch die Kulturlandschaft westlicher Bodensee. Konstanz 1995.

RAIMANN, Alfons/ERNI, Peter: Die Kunstdenkmäler des Kantons Thurgau, Bd. VI: Bez. Steckborn. Basel 2001.

REISSER, Emil: Burgen und Schlösser am Untersee. In: Badische Heimat, Bd. 13: Der Untersee, 1926, S. 168 –209.

RING, Maximilian v.: Malerische Ansichten der Ritterburgen des Großherzogtums Baden [...]. Paris, Mühlhausen, Frankfurt/M., Leipzig und Straßburg 1829 (Nachdr. mit Einleitung von Max Schefold, Frankfurt/M. 1980).

SCHEFOLD, Max: Die Bodenseelandschaft in Ansichten und Schilderungen. Konstanz 1961.

SCHMITT, Günter: Schlösser und Burgen am Bodensee. Bd. I: Westteil. Von Maurach bis Arenenberg. Biberach a. d. R. 1998; Bd. III: Süd. Von Risegg bis Gottlieben. Biberach a. d. R. 2002.

SCHÖNHUTH, Ottmar Friedrich Heinrich: Die Ritterburgen des Höhgau's: (1) Geschichte der Würtembergischen Burgruine Hohentwiel, für die Besucher derselben beschrieben. Mit einer Ansicht. Tuttlingen 1833; (2) Hohenkrähen, Mägdeberg, Hohenhöwen, Hohenstoffeln, Staufen, Randeck, Roseneck. Mit Ansichten. Konstanz 1833; (3) Nellenburg, Langenstein, Fridingen, Homburg. Mit einer Ansicht. Konstanz 1833; (4) Bodman, Hohenfels. Konstanz 1834. – id.: Neuer Führer um den Bodensee und zu den Burgen des Höhgaus. Lindau 1851.

SCHUSTER, Eduard: Die Burgen und Schlösser Badens. Karlsruhe o.J. (1908). Staatliche Archivverwaltung Baden-Württemberg in Verbindung mit dem Landkreis Konstanz (Hg.): Der Landkreis Konstanz. Amtliche Kreisbeschreibung. 4. Bde. Sigmaringen 1968, 1969, 1979, 1984.

STÄHELI, Cornelia: Schloss Wolfsberg bei Ermatingen (Schweizerische Kunstführer GSK). Bern 2001.

STÄHELI, Cornelia/STÄHLI, Rolf A.: Kulturschätze im Thurgau entdecken und erleben. Frauenfeld, Stuttgart, Wien 2003.

STREIT, Gertrud: Geschichte des Dorfes Rielasingen. Singen/H. 1993.